IT FLIES SIDEWAYS THROUGH TIME

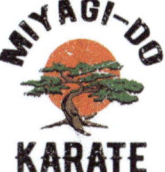

MIYAGI-DO
KARATE

#62 / SOMMER 2021

#62, Sommer 2021   www.lotek64.com   info@lotek64.com   ISSN 2307-7085

AF210853

DIE REDAKTION

ARNDT
adettke@
lotek64.com

GEORG
redaktion@
lotek64.com

MARLEEN
marleen@
lotek64.com

MARTIN
martinland@
lotek64.com

STEFFEN
steffen@
lotek64.com

JENS
jens@
lotek64.com

IMPRESSUM

Herausgeber, Medieninhaber:
Georg Fuchs
Waltendorfer Hauptstr. 98
A-8042 Graz/Österreich
E-Mail: info@lotek64.com

Web: Jens Bürger
Lektorat: Arndt Dettke
Hosting: vipweb.at Thomas Dorn
Herstellung und Verlag: BoD – Books
on Demand, Norderstedt
ISBN: 9783758320798

LARS
larssobiraj@
mailbox.org

"2020++"

KLEMENS
klemens@
atelier198.com

LIEBE LOTEKS!

Die Covid-19-Pandemie hat uns lange fest im Griff gehabt. Viele Retro-Events wurden abgesagt. Dabei sind die meisten von uns gar nicht kontaktscheu, obwohl uns Nerds ein gewisser Ruf vorauseilt. Sollte sich die Lage wieder zuspitzen, gibt es zumindest in einer Frage Abhilfe: Gastautor Wilfried Elmenreich hat eine ausführliche Anleitung geschrieben, wie man C64-Spiele auch gemeinsam über große Distanzen spielen kann. Ein Survival-Guide für den nächsten Lockdown, der hoffentlich nicht kommt.

Ein weiterer Schwerpunkt sind die vielen hochklassigen C64-Spiele, die in letzter Zeit erschienen sind – ganz so, als müsse bewiesen werden, dass der Commodore 64 noch immer Luft nach oben hat: Wir haben mit Wormhole, Outrage, Zeta Wing und Soul Force vier Titel unter die Lupe genommen, die keinen Vergleich mit historischen Referenztiteln scheuen müssen.

Wie immer Ungewöhnliches gibt es mit dem GameCube-Spiel Odama in der Reihe Retro Treasures. Und mit dem zweiten Teil von „Mein Leben mit dem Commodore 64" schließen wir einen der längsten Beiträge ab, die jemals in Lotek64 erschienen sind.

Auch im Sommer gibt es Regentage, die wollen wir mit dieser Ausgabe versüßen. Schöne Urlaubstage, gute Erholung!

Georg
(für die Redaktion)

INHALT

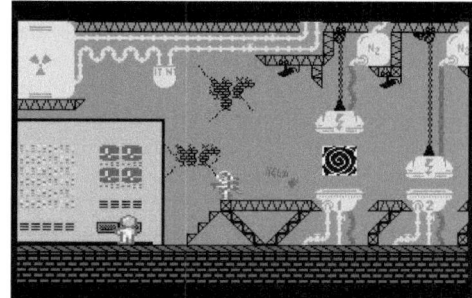

Biographie eines Commodore-Users (Teil 2)

Mein Leben mit dem Commodore 64

Eine Biographie. Unendliche Seiten. Wir schreiben das Jahr 2020 n. Chr. Dies sind die Abenteuer eines treuen Cevi-Besitzers, der mit Computer, Joystick und Diskettensammlung mehr als 30 Jahre unterwegs ist, um virtuelle Welten zu entdecken, unbekannte Utilitys und neue Hardware-Erweiterungen. Mit Schraubenzieher und Lötkolben dringt er dabei in Gehäuse vor, deren Innerstes er vorher noch nie gesehen hat. (Teil 2 von 2 – Fortsetzung aus Lotek64 #61)

von mac of tugcs

Spielen imitiert das Leben!

Zwar sorgten die 64'er und Gelegenheitskäufe von MagicDisk, GameOn und Co. immer wieder für akzeptable Unterhaltung. Der Bezug großartigerer Spiele scheiterte aber immer wieder am geringen Taschengeld, und die Sparbuchreserven waren immer noch eingefroren. Da entdeckte GH einen Laden in unserer Neuköllner Nachbarschaft, der Computerspiele unterschiedlicher Systeme für kleines Geld verlieh. Mit einem Kribbeln im Bauch, das man nie mehr vergisst, betraten wir diese „Spielothek" und wurden auf unsere Frage hin in eine Ecke mit C64-Games verwiesen. Die Hoffnung steigerte sich zu öffentlicher Erregung: Da standen alle möglichen Neuheiten und Klassiker in ihren Originalboxen (Auf Diskette! Mit Handbüchern!! Und Karten!!!) für uns bereit. Doch Minderjährige brauchten das schriftliche Einverständnis der Eltern! Ich dachte: „Eher friert die Hölle zu, als dass meine Eltern mir das Anheizen derselbigen durch mein Taschengeld erlauben!" Aber meine Eltern war überraschenderweise nicht dagegen – ich müsse schließlich selbst lernen, mit meinem Taschengeld weise umzugehen...!

Doch auch wenn das Spielen viel Spaß machte – bald stellte sich ein schales Gefühl von Leere ein. Immer nur den höchsten Highscore oder das Ende eines Spiels zu erreichen, wurde zunehmend unbefriedigend! Ich wollte den Cevi zukünftig mehr für kreative Arbeiten nutzen. So begann ich mit dem Erstellen von Demos/Intros, die ich wegen mangelnder Programmierkenntnisse aber mit Programmen der MagicDisk u.ä. zusammenbaute. Hatte exzessives Spielen vorher für einen Knick in der Schulkarriere gesorgt, so verbesserte das Schreiben englischer Intro-Texte nun dafür den Schulscore. Ein Englisch-Wörterbuch stand während dieser Zeit immer griffbereit neben dem Monitor.

Praktikum im Chips-Labor

Als ein Schulpraktikum anstand, half mir ES, ein weiterer Bekannter meines Vaters, bei der

Bewerbung in seiner Firma, die die Funktion von Computerchips unter harten Umweltbedingungen testete. Zu Anfang war ich begeistert von all den Apparaten um mich herum! Aber immer nur ICs zählen, Chips einbrennen, löschen, in Tubes verpacken… war so anregend wie ein Rosettenfurunkel. Die Sterbenslangeweile brachte ein gewisses zeichnerisches Talent in mir zum Vorschein und führte zu Kritzeleien auf der Schreibtischunterlage, für die ich nicht gerade wohlwollende Kritik erhielt. (Was quarzen die mich auch mit ihren Sargnägeln im Pausenraum zu?) Dazu wirkten die trockene, warme Luft und das monotone Surren der Geräte wie Matheunterricht und Tagesschau zugleich. Die ganzen drei qualvollen Wochen hatten aber auch so gar nichts mit der Art von Computerei zu tun, wie ich sie von meinem Cevi her kannte. Jeder Galeerensträfling erlebte mehr Abwechslung. Immerhin: Das Praktikum unterzog auch mich einem Härtetest, durch den mir klar wurde, was ich beruflich ganz sicher NICHT machen wollte!

Führe uns nicht in Versuchung – wir finden schon alleine hin!

Hatten VK und ich uns vorher auf dem Cevi bei WASTELANDS die Hucke vollgehauen oder bei KRIEG UM DIE KRONE Trolle gehäckselt, verprügelten wir uns auf seinem AMIGA noch lieber bei STREETFIGHTER II, sprengten

■ Wastelands

gegenseitig unsere Karren bei TURBO weg, verzweifelten während TAKE ´EM OUT beim Tontaubenschießen und knallten als RICK DANGEROUS oder bei UNREAL den Joystick in die Ecke, wenn wir ein Level wieder von vorn beginnen mussten. Manchmal schmissen wir uns aber auch selbst vor Lachen weg, wenn wir bei DOUBLE DRAGON Dialoge zwischen unseren Figuren und den Gegnern erfanden und die Prügeleien live kommentierten.

Über 10 Jahre war der C64 nun nahezu unverändert auf dem Markt, mit einem unglaublichen Support an Hard- und Software. Welches System würde das heute noch schaffen? (Sicherlich waren es auch die vielen Raubkopien, die für die lange Existenz des C64 sorgten.) „Are you keeping up with the COMMODORE – ´cause the COMMODORE is keeping up with you!", dudelte eine Werbung. Dennoch tauschten viele Kumpels ihre Cevis bald gegen leistungsstärkere Computersysteme oder Spielkonsolen aus. (Opportunisten!) Den C64 hatten sie oft nur als billigen Spielcomputer behandelt, wovon speckige Tastaturen und – mangels eines richtigen Diskettenlochers – zerschnittene Disketten mit labberigen Etiketten in bekritzelten Siff-Hüllen ein schlechtes Zeugnis gaben. Die geschundene Hardware ließ eine gewisse Grobheit der Besitzer nicht nur gegenüber technischen Dingen vermuten.

Aber auch ich war in Geschwindigkeit, Grafik und Sound des AMIGAs zeitweilig so verliebt, dass ich ernsthaft überlegte, meinen Cevi dafür zu verkaufen. Bei einem tatsächlichen Wechsel hätte ich aber meine Lieblingsspiele unter Verwendung eines Emulators weiter auf dem AMIGA daddeln wollen.

Schon hatte ich begonnen, Disketten zu markieren und auszusortieren – doch glücklicherweise stoppte mich die Unwirtschaftlichkeit meines Wunsches. Der Wiederverkaufswert des Cevis hätte bei Weitem nicht für einen AMIGA mit Stereo-Monitor, Speichererweiterung, zweitem Laufwerk und entsprechender Software gereicht. Da konnte ich ihn auch gleich behalten, allein schon der bisherigen Mühe und schönen Stunden wegen. Für mich galt also weiterhin: „I adore my 64!" Den AMIGA 500 begehrte ich nur noch als „Freundin" nebenher. Als MT seinen irreparablen Cevi gegen einen neuen ATARI ST austauschte, war ich nach den vielen Jahren gemeinsamer Computer-Geschichte zuerst sehr enttäuscht. Letztendlich stärkte aber auch das nur meinen Entschluss. Denn obwohl Grafik und Sound besser waren – die Menge an Spielen, die ich bis dahin für den Cevi besaß, hätte ich weder auf dem AMIGA noch auf dem ATARI ST ansammeln können. So genoss ich weiterhin als „Gast-Spieler" die beiden neuen 16-Bit-Systeme: Die neue Vielfalt der Computerwelt sorgte nur für einen weiteren Grund, sich gegenseitig fürs Daddeln zu besuchen!

Allgemeiner Basic Instinct

Dann kam die große PC-Welle: Die meisten Freunde besaßen damals immer öfter einen 386er- oder 486er-PC. Kaum jemand spielte noch mit einem C64/Amiga/ST. Doch der Fortschritt im PC-Bereich und die damit verbundene Modernisierung der Bürokommunikation sorgten gleich für die Erfüllung mehrerer Träume: Ein Freund verkaufte mir für 10 DM seinen SEIKOSHA-SP-180VC-Neunnadeldrucker. Ebenso gab mein neuer Mathelehrer seinen C64 mit Wackelkontakt, störrischer Floppy und einem STAR NL-10 Color (ebenfalls ein Neunnadler, aber mit Farbband!) an meinen Bruder ab. (Eine bessere Note für die 100,- DM Kampfpreis gäbe es im Gegenzug aber nicht, wie er mir versicherte.) Die Krönung aber war ein OKI Microline 390 Elite – ein Schlachtschiff mit 24 Nadeln, den mein Vater für mich vor der Büro-Verdammung rettete.

Derartig ausgestattet konnte ich endlich mein handschriftliches Pen-and-Paper-Rollenspiel günstig in gedruckte Form bringen. Nach vielen Jahren arbeitete ich nun wirklich mal ernsthaft mit GEOS, tippte die beiden Schulhefte komplett ab und druckte die Neuauflage in Near Letter Quality aus. Während der Vorbereitungszeit auf das Abitur spielte ich nur noch gelegentlich. Kurz vor Ende der C64-Ära fachten die Abverkäufe aktueller Neuerscheinungen wie LEMMINGS und SHADOW OF THE BEAST (als Modul) aber noch einmal kurz meine Spielfreude an. Den Game Boy verkaufte ich an einen Schulfreund (ich Wahnsinniger!) – um damit die nächste Fahrstunde in der Fahrschule bezahlen zu können. Zwei Wochen hielt es der SPIELKAMERAD in der neuen Heimat aus. Dann versagte zuerst das Steuerkreuz seinen Dienst, gefolgt von einem Schaltkreis-Kollaps. (Merke: Auch Hardware kann an Heimweh sterben!)

Unter GEOS nutzte ich den Cevi nun vor allem für das Schreiben von Hausaufgaben und Referaten. Eine kleine Datenverwaltung half beim Sortieren der Arbeitsaufträge eines Nebenjobs. In der immer noch abonnierten 64'er gab es einen Bericht über neue Szene-Demos. Ein paar Leerdisketten und Briefmarken später staunte ich dann über das, was noch alles an Grafik- und Soundeffekten (ohne Hardware-Erweiterungen wie bei anderen Systemen) auf dem alten Cevi möglich war.

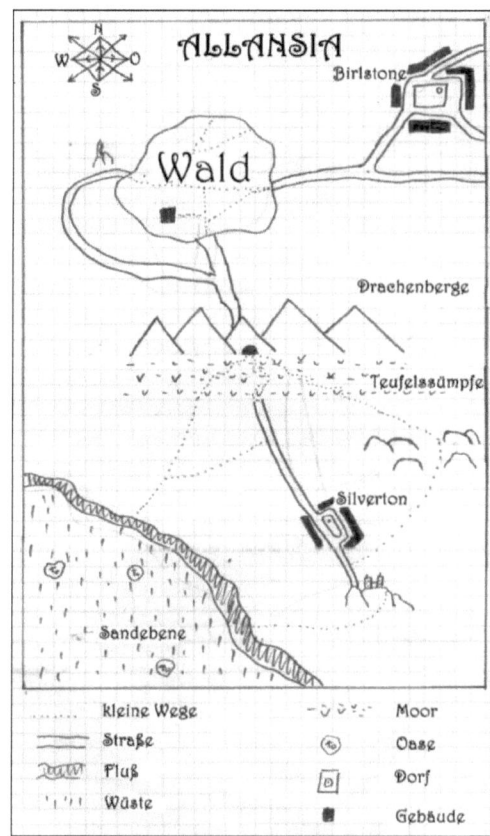

■ Karte des eigenen Pen-and-Paper-Rollenspiels

Und die Bauanleitung eines Telefonkartenlesers brachte mich wieder an den Lötkolben zurück. So tauschte ich mein kleines Aushilfsgehalt gegen Elektronikbauteile um. Der Kartenleser hat leider nie funktioniert, obwohl ich ihn gleich zweimal nachbaute. Erst Jahre später erfuhr ich, dass die entsprechende Software gefehlt hatte. (Aber auch damit wäre die Manipulation des Kartenguthabens nicht möglich gewesen...!)

Und obwohl das Abitur seine langen Schatten vorauswarf, begann ich als Fan mit bescheidenen BASIC-Kenntnissen einen vierten Teil der Indiana-Jones-Trilogie als Text-Adventure zu programmieren. Das Planen und Programmieren wirkte sich wieder positiv auf den Schulalltag aus: Während dieser Zeit fiel mir der Matheunterricht leichter, was sich auch an der Benotung zeigte. Bald danach wagte ich mich an ein weiteres Adventure, welches eine Adaption eines Rollenspielbuches werden sollte. Dazu pauste ich das Titelbild auf eine Plastiktüte ab, klebte die Folie über den Monitor und pixelte die Vorlage mit KOALA PAINTER nach – um festzustellen, dass die Grafikfähigkeit des Cevis (und meine eigene) nur für eine grobe Qualität ausreichte. (Aber wir hatten ja nichts!) Ein Handyscanner samt PAGEFOX war viel zu teuer. Überhaupt sollte das Spiel auch gar nicht viele Bilder haben. (Genau!) Aufgrund steigender Ansprüche in Schule und Nebenjob und aus Mangel an Programmierkenntnissen für die komplexere Spielsteuerung verschwanden die Dateien bald wieder nach ganz hinten in der Diskettenbox.

Dann ergriff auch mich die „Techno"-Welle und ich versuchte mich an einigen „Remixes" mit Hilfe von CD-Player, Tonbandgerät, Videorekorder und meinem Cevi, den ich als Drum-Machine und zur Sprachausgabe verwendete. Leider besaß ich keinen Sound-Digitizer, aber mit einem Digitizer-Programm der Magic-Disk übte ich immerhin das Bearbeiten von Audioschnippeln auf dem Cevi. Das „Musikstudio" erinnerte mich an das alte Vorhaben, die Soundtracks meiner Lieblingsspiele aufzunehmen. Die High Voltage SID Collection gab es damals noch nicht, so musste eine 90-Minuten-Leerkassette (neben VKs „tape") für den „Rest of the Best" ausreichen.

Saure Suppe mit extra scharf

Nach dem Abitur leistete ich meinen Wehrersatzdienst (Zivildienst) in einem Krankenhaus ab. Natürlich nahm ich den Cevi in die neue Heimat mit – zum Spielen und um mir mit Hilfe eines TinyEprommers endlich eigene Module bauen zu können. Den Eprom-Brenner gab es damals als Schnäppchen bei CONRAD. Mein „Labor" bestand mit Hilfe der hospitaleigenen Technischen Abteilung bald aus einer nackten 100-Watt-Glühbirne, die locker über einer Stuhllehne baumelnd die auf dem Linoleumboden liegende Fotoplatine mit dem Schaltungslayout belichtete. Die Platine entwickelte und ätzte ich dann in einem alten Suppentopf in der Gemeinschaftsküche. Allerdings wies das Kochgeschirr danach auffällige Abnutzungserscheinungen auf, was mir einige Zivikollegen übelnahmen – obwohl sie den Topf kaum nutzten, weil sie zu faul zum Abspülen waren. So blieb es bei diesem einen Versuch, zu mehr reichte mein Wissen sowieso nicht. Enttäuscht gab ich den Traum vom Modulbau auf und verkaufte Epromer und UV-Löschgerät nach Ende des Zivildienstes. Doch meinen Cevi wollte ich weiter behalten!

Surfen mit dem Cevi

Einige Monate später fiel mir in der Zeitschriftenabteilung des Supermarktes meines Vertrauens die Werbung eines BTX-/DatexJ-Anschlusses in die Hände. Unverzüglich bestellte ich das Komplettpaket mit Modem und Software für meinen Cevi – wenn es schon mit dem „Cracken" und „Brennen" nicht klappte, konnte ich ja immer noch „Hacker" werden! Tatsächlich nutzte ich den Anschluss aber nur gelegentlich für (seeeehr laaaangsaaames) Online-Banking und wenige Emails. Natürlich gab es zu der Zeit auch schon das Internet, aber das war lange nicht so ausgebaut wie heute...

Erwachsen werden...

Der Beginn des Studiums erforderte das Setzen neuer Prioritäten! Um mehr Platz für die sich asexuell vermehrende Studienliteratur zu schaffen, schmiss ich alles raus, was keine Miete zahlte: Bald wanderten Cevi, Monitor und Floppy in den Schrank. Meine Drucker verstaubten derweil lieblos (es tut mir heute noch leid) im Keller. Dem (gedachten) Reife-Schub (ich war ja jetzt erwachsen) fielen auch meine gesammelten GameOn- und MagicDisk-Cover dem Reißwolf zum Opfer. (Wie dumm kann man sein?) Auch die jahrelang gesammelten Spiele-Tipps aus der 64'er vernichtete ich auf diese Weise. (So dumm kann man sein!)

Ergebnis der postpubertären Räumaktion: Zwei zusätzliche Ordner-Stellplätze im Regal. (Viel zerronnen, nix gewonnen!) Die Altersweisheit mahnte mich dann aber doch noch an eine mögliche späte Reue – bevor ich auch noch die Diskettensammlung abgefackelt hätte. (Wo sind eigentlich die Männer mit den weißen Jacken, wenn man sie mal braucht?) Vor Studiumsbeginn waren bereits die 64'er- und YPS-Sammlung ins Altpapier umgezogen. Ich hielt Kindheit und „Computerphase" für beendet, wollte mich nur noch meiner Ausbildung widmen und weder Kraft noch Zeit in Programmierung, Spiele oder Basteleien investieren.

Glücklicherweise würde ich das noch bereuen – und korrigieren... Während des Studiums baute ich ab und zu den Cevi auf, um den Vorlesungsfrust bei Spielen wie ARMALYTE, TURRICAN, GIANA SISTERS etc. abzubauen – was allerdings nur begrenzt half. Und trotz Platzmangels thronte zeitweilig ein kompletter Cevi-Schrein auf der Kommode gegenüber meinem Bett. Aus einer weiteren Büroauflösung hatte ich über meinen Vater einen HP-DESKJET-500A-Tintenstrahldrucker ins Studium mitnehmen können, der mir neben gespritzten Bleiwüsten auch farbige Screenshots vom Cevi ermöglichte – mit einem entsprechenden Treiber unter GEOS.

Als das Internet schneller wurde, machte der Fortschritt glücklicherweise auch vor unserer „Penne" nicht halt. (Halleluja!) Modems

■ Eigenes modifiziertes C64-Gehäuse

und ISDN-Boxen verschwanden aus unseren Zimmern und ich teilte mir mit einem Kommilitonen (durch die Wand) einen DSL-Anschluss. Irgendwann entdeckte ich die ersten C64-Emulatoren für den PC... Ich bestellte mir ein Kabel (XE1541), um eine 1541-Floppy direkt am PC anschließen und meine Disketten als Images (mit StarCommander unter DOS) auf Festplatte übertragen zu können.

Während ich mich auf Klausuren vorbereitete, kopierte ich nebenher per Tastendruck die komplette Diskettensammlung und fühlte mich wieder wie ein Teenager. Einige Disks waren natürlich immer noch kopiergeschützt. Andere wiederum wiesen Materialfehler auf, wobei das bis heute nur eine handvoll Billig-Disketten betrifft. Selbst die, die ich von VB gebraucht geschenkt bekam, funktionieren heute immer noch. Beim Kopieren stieß ich auch wieder auf mein unvollendetes Adventure. Ich bedauerte, dass mir auch während des Studiums die Zeit dafür fehlen würde. Aber löschen wollte ich die Dateien nicht. Vielleicht würde ich ja doch noch eines Tages...?

Das Kopieren brachte mich auf den Geschmack, noch nach anderen Hardwareangeboten zu suchen. Über eine Anzeige fand ich einen jungen Abiturienten, der seinen AMIGA 500 mit Joystick, Disketten und Monitor für ganze 5,- € verkaufen wollte. Sofort fuhr ich hin und erklärte ihm, dass er wohl nicht ganz bei Trost sei! Aber er meinte, er wäre nur froh, alles auf einmal loszuwerden. Ich freute mich wie ein Schneekönig! Eine Kommilitonin spottete, als ich mit der „Freundin" wieder mal sinnlos glücklich inmitten von Kabeln, Joysticks und Disketten auf dem Küchenboden saß: „Du machst den Computer doch nur wegen der Musik an!" (Ja! Und?) Wie gerne hätte ich auch noch einen SUPER NINTENDO, SEGA oder ATARI 2600 mein Eigen genannt. Ich hätte im Traum nicht daran gedacht, die Spielkonsolen meiner Kindheit eines Tages wirklich wieder zu besitzen. Doch der nachgekaufte AMIGA war bereits der erste Schritt in diese Richtung, wenn auch noch etwas Zeit vergehen sollte...!

Cevi on air – Computer und me(e)hr

Mit Berufsbeginn zog ich noch einmal um und hatte in der neuen Wohnung auch mehr Platz. Im Gästezimmer standen nun ein C128D, C64 und AMIGA 500, sogar für einen der Drucker war noch etwas Platz. Aber für mehr als ein gelegentliches Spielchen oder das Anschauen einer Demo reichte mein Interesse nicht. Ich war auch zu sehr mit den neuen beruflichen

Herausforderungen beschäftigt. Gelegentlich bastelte ich Techno-/Dance-Remixe mit dem MAGIC MUSIC MAKER auf dem PC zusammen. Dann stieß ich im Internet auf Remixe von AMIGA- und C64-Musik, die mich sehr beeindruckten. Beim Bürgerfunk des stadteigenen Lokalsenders nahm ich eine 30-minütige Sendung auf, in der ich Hintergründe ausgewählter C64-Spiele und deren Remixe vorstellte. Von „Retro" oder ähnlichem wusste ich damals nichts. Ich kam mir mit meiner Vorliebe für alte Computer weiter wie ein Alien vor. Zwar war ich irgendwann mal über das Forum64 im Internet gestolpert, aber für mich war immer klar, dass meine aktive Zeit auf dem C64 vorbei sei.

Ich lud mir eine kleine Sammlung des Szene-Magazins ILLEGAL herunter, las auch mal eine Ausgabe der LOTEK – aber das war's auch schon. Heute ist mir diese freiwillige Bildungslücke unbegreiflich! Doch die Computer-Lethargie sollte ein überraschendes Ende finden! Manchmal zwingt das Schicksal einem das Glück geradezu auf. Denn zu Weihnachten erreichte mich ein größerer Karton, in dem sich VKs alter ATARI 2600 befand. (Wie geil war das denn?) Seine Mutter war beim Ausmisten

■ Geretteter Atari 2600

der Wohnung über den alten Fernsehklotz gestolpert und erinnerte sich, wie begeistert ich
als Kind davon war. Da VK keine Verwendung
mehr für sein VCS (VideoComputerSystem)
hatte, kam nun ich in den seligen Besitz der
Spielkonsole – inklusive Joysticks und Module.

Während ich mich vor Dankbarkeit am Te-
lefon überschlug, erfuhr ich, dass VKs Vater
leider den AMIGA 500 mitsamt Zubehör auf
den Müll gebracht hatte, „weil der Kram doch
eh´ nur im Keller rumstand!" (Ich unterbreche
hier kurz, um zum Schreien in den selbigen zu
gehen…) Aber den ATARI konnte VKs Mutter
gerade noch für mich retten. (Gepriesen sei die
weibliche Intuition!) Und VK versicherte mir,
dass er diesen bei mir in den besten Händen
wüsste.

Mit den Jahren kamen noch einige PCs
(386er und 486er) dazu, die ich mit Hilfe äl-
terer Komponenten und unter WINDOWS 3.1
/ XP wieder zum Laufen brachte. Als ich das
TURBO CHAMELEON und ULTIMATE1541

als neue Multifunktionsmodule für den Cevi
im Internet entdeckte, war ich so aufgeregt wie
damals beim Auspacken des ACTION REPLAY.
Ich rang vorher noch kurz mit den stolzen
Preisen, dann siegten Sammeltrieb und Neu-
gier. Nach und nach kamen zusätzliche Erwei-
terungen hinzu: Ich bestellte Bausätze, baute
Gehäuse um. Eine Spur von Knabberzeug,
gedremelten Plastikresten und Lötzinn säum-
te die Fußbodenleiste unter meinem „Cluster
Mainframe".

Ein Cevi im Kindergarten

Als das Thema „Die Entwicklung der Schrift
– von der Höhlenmalerei bis zur heutigen
Technik" in einem benachbarten Kindergarten
anstand, wurde ich dafür angefragt: „Das wär'
doch was für Dich – vielleicht kannst Du da ja
was mit Deinem C64 machen?" Ich dachte kurz
nach – und fuhr dann mit meinem Cevi und
einigem Zubehör los, um Kindern zwischen 3
und 4 Jahren ihren ersten 8Bit-Computer zu

zeigen und sie damit malen zu lassen. Den Aufbau meines Cevis kommentierte eine Mitarbeiterin mit: „Oh, ein ATARI! So einen hatte ich auch mal...!" (Zwecklos, das zu berichtigen!)

Die Kids hatten viel Spaß, ihre Bilder mit KOALA PAINTER zu pixeln, bzw. mit dem (etwas unhandlichen) Joystick Linien kreuz und quer über den Bildschirm zu ziehen. (Ohne Chaos keine Kreativität!) Etwas enttäuscht waren sie nur vom anschließenden Matrix-Ausdruck auf dem 9-Nadler in schwarz-weiß. Dennoch: Irgendwann werden sie in ihrem Kindergartenordner die Fotos und Bilder dieses Tages wiederentdecken: Kunstwerke, erstellt auf einem über 30 Jahre alten 8Bit-Rechner – einem C64! Ja, auch heute noch unterstützt der Cevi Bildung und Erziehung!

Endlich normale Leute!
In den folgenden Jahren kamen zu meiner Sammlung noch ein SUPER NINTENDO, mehrere GAME BOYS, AMIGAs und ATARI STs hinzu. Nun hatte ich alle Computer und Konsolen meiner Kindheit und Jugend zusammen. (Gleich mehrere, damit ich nicht mehr ohne sie bin – bis dass der Tod uns scheidet!) Auch die begleitende Lektüre wuchs entsprechend der versammelten Systeme immer mehr an. Und es wurde noch schlimmer! Durch die Werbung, die einer Hardwarebestellung beilag, erfuhr ich vom „Verein zum Erhalt klassischer Computer". Obwohl stark erkältet, fuhr ich mit meiner Frau zu einem dieser Treffen. Wir wurden freundlich begrüßt und betraten eine große Halle mit gefühlt 1000 Computern, Konsolen, Hardwarebasteleien und Computer-Fans. (Endlich normale Leute!)

Begeistert äußerte ich gegenüber einem Amiganer, dass so ein Treffen sicher auch gut in meiner Heimatstadt ankäme! Aber mein Gegenüber entgegnete nur abgeklärt, dass es doch schon die DORECO (das „Dortmunder Retro Computertreffen") alle paar Monate gäbe.

(Doch! Es gibt noch Hoffnung für die Welt!) Beim anschließenden Philosophieren, warum Menschen auf alten Elektroschrott stehen, tätschelte ein begeisterter Bastler liebevoll seinen umgebauten Cevi: „Vielleicht sind es ja die Strahlungen der Netzteile...? Der C64 war meine erste große Liebe. Man kann sagen, er war irgendwie meine erste Freundin. Wenn meine Frau wüsste, dass ich immer wieder fremdgehe – auch heute wieder..." (Kopfkino! Ich will mir das nicht vorstellen! ICH WILL MIR DAS NICHT VORSTELLEN!!) Sicherlich hinkt dieser Vergleich, aber andere lösen nachts dafür Kreuzworträtsel oder Sudoku-Aufgaben. Auch nicht erotischer!

Back to the roots!
Womit wir wieder beim Thema wären. Denn als ich mal eines nachts nicht schlafen konnte, versuchte ich die nötige Bettschwere durch spontanes BASIC-Programmieren zu erreichen. Im Haus war es totenstill. Durch das geöffnete Fenster drang leise das Rauschen des Verkehrs der A40 herein – und arhythmisches Tastaturklackern in die sternenklare Nacht hinaus.

Je länger ich tippte, desto mehr Befehle, Pokes und ASCII-Codes fielen mir wieder ein. Übermüdet, aber glücklich, fiel ich in die Kissen... und setzte mich ein paar Tage später an das Listing einer Datenverwaltung.

Das wurde bald langweilig – denn ein anderer Gedanke ließ mich nicht mehr los: Mein unvollendetes Adventure! Dazu fiel mir ein entsprechender Programmier-Kurs aus einem 64'er-Sonderheft ein. Aber die endgültige Entscheidung zur Wiederaufnahme fiel nach meinem ersten Besuch der DORECO. Dort traf ich auf Zzzardocs – Mr. Poke, wie ich ihn nannte. Denn Mr. Poke wusste einfach mal so eben alle Speicheradressen, POKES und SYS-Befehle auswendig. Stundenlang half er mir beim Programmieren von BASIC-Routinen.

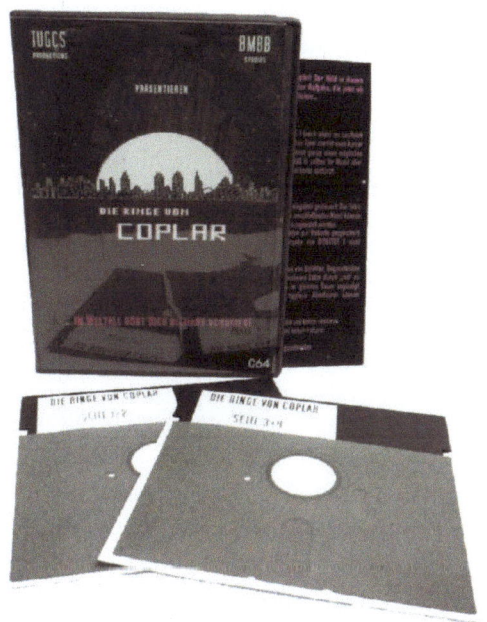
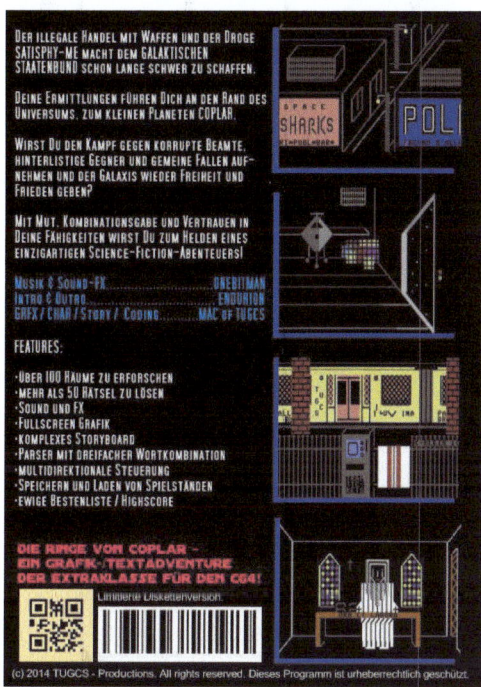

Die nächsten zwei Jahre saß ich jede freie Minute vor meinem Cevi und arbeitete an der Fortsetzung DER RINGE VON COPLAR, wie ich das Spiel nun nannte. Beim Entwickeln der Story hatte ich mich immer mehr von der eigentlichen Buchvorlage entfernt und nur einzelne Motive übernommen, die ich mit Menschen, Erlebnissen und Orten aus meinem Leben kombinierte. Teilweise schlief ich erst morgens ein, wenn ich über einer Routine grübelte oder mir eine neue Idee zur Story einfiel. Meine Frau ertrug das alles mit unglaublicher Geduld, half mir sogar beim Entwickeln der Story. Unzählige Abende aß oder saß sie neben mir, zog sich Seifenopern rein und in der Werbepause meine nicht weniger dramatischen Story-Ideen. Sie bewahrte mich nach Computerabstürzen und Datenverlusten vor dem obligatorischen Sprung aus dem Fenster, wobei sie jenes an manchen Abenden unnötig weit zum Lüften öffnete... Am Ende korrigierte sie sogar die endlosen Listings mit dem FINAL CARTRIDGE.

Hatte ich seit meinem ersten abgepausten Pixel-Startbild gerade mal die TIPP-EX-Flecken vom Bildschirm gekratzt, so blockte und klotzte ich nun ganze Häuserschluchten und Mondlandschaften in PETSCII (Grafiksymbolen) auf den Screen. Klar, dass auch mein erster Grafik-/Pixelversuch Verwendung im Abspann/ Outro des Adventures fand. GR war dabei mit seinen ASSEMBLER-Kenntnissen eine große Hilfe. Im August 2014 war es dann nach zwei Jahren endlich soweit – ich hatte nach fast 20 Jahren Entwicklung und Pause das „Projekt" beendet.

Obwohl ich meiner Frau versprochen hatte, mit dem Programmieren zu pausieren und

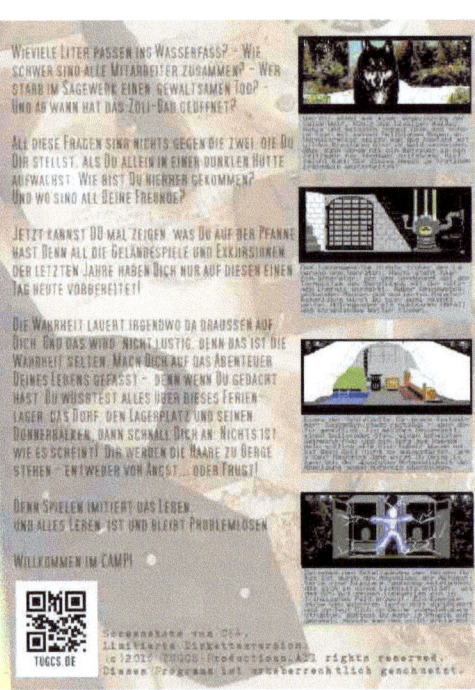

mich wieder mehr der kurzweiligeren Hardwarebastelei zuzuwenden, begann ich zwei Monate später ein weiteres Adventure. Es sollte eine Hommage an mein geliebtes Ferien-Zeltlager werden... Nach einem Jahr (2015) war dann das „DAS CAMP" fertig. Noch ein Jahr (2016) später folgte die zweite, erweiterte und ins Englische übersetzte Neuauflage (bei PROTOVISION) – mit verbesserter Grafik, noch mehr Gimmicks, Räumen und Rätseln. Ende 2016 begann ich entgegen aller guten Vorsätze und trotz zeitlicher Einschränkungen mit einem weiteren Adventure – es dauerte exakt drei Jahre bis zu dessen Veröffentlichung Ende 2019...

Die zweite Chance
Bei einem DORECO-Treffen saß auf einmal HK neben mir und grinste mich freundlich an. Er stellte sich schnell als Mr. Archivator heraus, denn er besaß unzählige Handbücher für alle möglichen Commodore-Systeme und die komplette Sammlung aller MagicDisks, GameOns und 64'er-Magazine. Mr. Archivator überließ mir die fast komplette Sammlung aller 64'er- und AMIGA-Hefte – unter einer Bedingung: „Du kannst die Hefte verkaufen oder verschenken – aber versprich mir, sie nie wegzuschmeißen!" (EHRENWORT! Ich habe meine Lektion gelernt!)

Computerhochzeit
Als es um die Dekoration unserer Hochzeitsfeier ging, einigten meine Frau und ich uns tatsächlich auf einige computertypische Elemente. Wir bastelten Platzkarten in Form von 5¼"-Disketten und als Hintergrund der Speisekarte nahmen wir den blauen BASIC-Prompt des Cevis. Ein C64 mit EasyFlash-Modul und Joystick lud unsere Gäste auf ein Spielchen ein. Und meine Schwiegermutter backte als Hochzeitstorte einen COMMODORE 64 mit FLOPPY 1541.

Epilog

Mehr als ein Vierteljahrhundert lang begleitet der Commodore 64 nun schon mein Leben. Ganz sicher hat er bisher ein kleines Vermögen verschlungen und viel Lebenszeit gefressen. Ganz sicher habe ich wegen ihm Wichtiges vernachlässigt. Versäumt eher weniger. Oft genug sorgte er für tiefe Augenringe und schlechte Schulnoten... Aber gleichzeitig war der Cevi Anlass für Träume, Kreativität, Abenteuer und viele schöne, unvergessliche Momente und Gefühle. Fehler, Mängel und Begrenztheit des C64 sorgen bis heute für Hardware-Erweiterungen. Seine Unvollkommenheit inspiriert zu Sachen wie dem Einbau eines einfachen Reset-Schalters bis hin zu zusätzlichen Betriebssystemen und Stereo-SIDs. Bis heute werden Demos und Musik auf ihm programmiert, Bilder gepixelt und neue Grafikmodi erfunden. Kein Jahr vergeht, in dem die Homebrew-Szene nicht neue Spiele und Tools veröffentlicht.

Ohne die heutigen Emulatoren und das Internet wäre das aber nicht in der Masse und Qualität möglich. Einerseits steht der C64 heute vor allem für Nostalgie. Als „Brotkasten" oder „Türkeil" weckt er wie ein Fotoalbum Erinnerungen an die Kindheit oder Jugendzeit. Andererseits hat er sich endgültig von einem „Computer für die Massen" zu einer Kunstform für Musiker, Grafiker, Coder und Wettbewerbe entwickelt. Er ist wie ein „guter Freund", den man schon lange kennt. Gerade seine „Einfachheit" lädt zum Nachvollziehen von Computer-Architektur, zum Ausprobieren, Programmieren, Spielen, Reparieren, Basteln ein.

Neben seinen bescheidenen (und gleichzeitig verblüffenden) Grafikfähigkeiten ist es aber vor allem der Sound seines SIDs, der es mir bis heute am meisten angetan hat: Dieser harte, metallische, gleichzeitig warme und knarzige Sound dieses Soundchips macht den C64 für mich so einzigartig. Damals nahm ich Kassetten mit dieser Musik auf. Heute höre ich

■ Hochzeitsdeko

sie vor allem unterwegs über mein Handy. Seit dem GAME BOY wünschte ich mir einen portablen Cevi. Heute spiele ich mit einem Emulator C64-Spiele auf Laptop und Smartphone. Trotz aller Liebhaberei weiß ich: Jeder Computer ist nur so gut wie seine Software. Und davon gibt es auch grauenhaft schlechte für den Cevi!

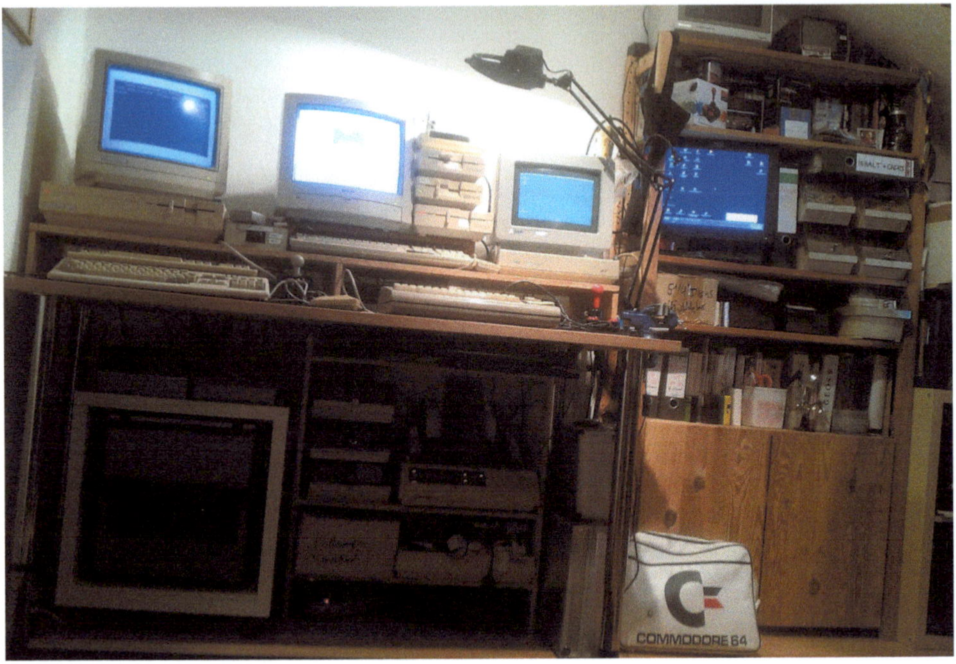

Aber genau dieser Spagat zwischen Anwender-Software und einfachen Basic-Programmen, schlechtem Sprite-Mansch und wunderschönen Spielwelten, nervigem Gepiepse und herrlichen Melodien, das Verfluchen seiner Langsamkeit und das gleichzeitige Basteln und Rumschrauben an diesem Rechner begeistern mich bis heute.

CREDITS/GREETINGS

An dieser Stelle danke ich allen begeisterten Spielemachern, Pixelartisten, Code-Optimierern, Hardware-Entwicklern, Bastel-Doktoren (die auch selbst total verlötete Bausätze wieder zum Laufen kriegen und toten Monitoren und Platinen neues Leben einhauchen), Fanpage-Betreibern, Buchautoren, Artikelschreibern, Magazin-Herausgebern und Organisatoren von Computertreffen – ihr gebt dem C64 (s)

eine „Seele". Ohne die freundliche, oft unentgeltliche und treue Unterstützung seiner Liebhaber gäbe es heute nicht das „Phänomen C64". Manchmal erwische ich mich dabei, wie ich in einem (hoffentlich) unbeobachteten Augenblick das Gehäuse sanft streichle und dabei „It´s a Commodore sixtyfour!" murmle. (Das reimt sich so schön.) Eine nach außen hin sicher seltsam anmutende Zärtlichkeit zwischen Mensch und Maschine. Aber wie sagte ein C64-Besitzer, der seinen Rechner erfolgreich repariert hatte: „Es gibt nichts Schöneres als diesen blauen Bildschirm mit der READY-Meldung nach dem Einschalten! Wofür, spielt keine Rolle. Hauptsache, er funktioniert!"

Vielleicht sind all diese Erinnerungen nur typische Sentimentalitäten eines alternden „Users", der die Verbindung zum „inneren Kind" pflegen will. Vielleicht klingt das alles hier viel zu kitschig oder kindisch... Aber am Ende des Tages wünsche ich jedem ein Hobby, das er leidenschaftlich gern ausübt. Eine zweckfreie Beschäftigung, die zeitweilig Entspannung vom Alltag bietet, vielleicht die oft beschriebene „Höhle" in die man sich zurückziehen kann.

Schaue ich zurück, sehe ich einen roten Faden in meinem Leben. Und der besteht – neben einigen anderen wichtigen Dingen – auch aus dem C64, der irgendwie ganz oft mit alldem verknüpft ist. Ohne den Cevi wäre mein Leben in einigen Bereichen vielleicht anders verlaufen. Ganz sicher hat aber gerade die Begegnung mit diesem Gerät und den dazugehörigen Menschen mein Leben sehr bereichert! Nichts und niemanden davon wollte ich missen! Selbst wenn ich eines Tages nicht mehr so wie heute vom C64 begeistert bin – er wird immer ein maßgeblicher Bestandteil meiner Biographie sein. Als die Geburt unseres ersten

Kindes anstand und das Computer- in ein Kinderzimmer umgewandelt werden musste, tat ich das gern! Cevi und Zubehör zogen um ins Büro. Gibt es einen besseren Ort, um neben aller Arbeit nicht das Spielen und Basteln zu vergessen?

Are YOU keeping up with the Commodore? Because the Commodore is keeping up with you!

Game on!
mac of tugcs ∎

Hinweis
Die Namen aller genannten Personen wurden geändert, um die Unschuldigen zu schützen. Es wurden keine Tiere oder Menschen verletzt, dafür aber eine Menge Platinen, Gehäuse und elterliche Anordnungen.

Wer mehr von mac of tugcs lesen will...

...wird unter http://tugcs.de/c64-games/ fündig. Dort gibt es auch das C64-Adventure „Methodist", das wir in Ausgabe #60 (März 2020) vorgestellt haben, sowie andere Adventures kostenlos zum Download. Von Methodist ist auf Anfrage eine Sammlerbox erhältlich.

Shooter am C64: Kaum noch Luft nach oben

Mit Soul Force und Zeta Wing hat Sarah Jane Avory zwei ambitionierte Shoot 'em Ups veröffentlicht. Wir gehen der Frage nach, ob der Commodore 64 wirklich noch mehr Vertreter dieses Genres braucht.

von Georg Fuchs

Am Beispiel des Shooter-Genres lässt sich die Evolution der Spiele auf dem Commodore 64 gut nachvollziehen, da diese Spielegattung von Anfang an vertreten war und bis heute gepflegt wird, wie die hier vorgestellten Titel zeigen. Aus simplen, ruckelnden Ballereien in Blocksatz-Optik wurden technisch immer anspruchsvollere Software-Kunstwerke, welche die Grenzen der Hardware immer weiter ausloteten.

Klassische Weltraum-Shooter mit Raumschiffen, die die entweder horizontal oder vertikal scrollenden Levels durchqueren, folgen einer alten, aber bewährten Formel. Typische Spielelemente sind festgelegte Angriffsforma-

■ Zeta Wing

tionen, Hindernisse, denen man ausweichen muss, große Levelbosse und Upgrades des Raumschiffs. Diese Elemente sind beinahe so alt wie das Genre selbst und tauchen auch bei fast allen C64-Shootern auf.

Technische Perfektion alleine ist zu wenig, um einen Shooter-Hit zu erschaffen. Die C64-Fassung von Nemesis (Gradius) aus dem Jahr 1986 flackert und hat technische Schwächen, ist aber durchaus unterhaltsam, ohne dem Spielhallen-Original allzu nahe zu kommen. Das im Jahr darauf veröffentlichte Leviathan, ein in isometrischer Pseudo-3D-Perspektive scrollendes Spiel mit eleganten Grafik- und Soundeffekten, war trotz interessanter Technik ein Spiel, das man schnell zur Seite legte. Grafisches Vorbild war Zaxxon, dessen C64-Version aus dem Jahr 1984 stammt, das Arcade-Original wurde 1982 von Sega veröffentlicht.

Was einen guten Shooter wirklich ausmacht, lässt sich nicht in Scrolling-Routinen und anderen technischen Details messen. Wie schnell reagiert das Raumschiff auf die Signale des Joysticks? Klingen die Schüsse der Bordwaffen gut oder nerven sie? Sind die Angriffsformationen interessant oder wiederholen sie sich ständig? Kommt man in einen Spielfluss? Ist der Schwierigkeitsgrad fair? Nur wenn all diese Aspekte mehr oder weniger stimmen, kann sich ein Titel aus der unüberschaubaren Masse abheben.

Die Vergangenheit…

Viele der bekannteren C64-Shmups sind Umsetzungen großer Hits aus der Spielhalle, daneben gibt es aber sehr viele exklusive C64-Titel, die in der Veröffentlichungsflut der 80er-Jahre oft kaum wahrgenommen wurden. Titel, die Spuren hinterlassen haben, sind unter anderem Lightforce, dessen Rob-Hubbard-Musik den eher monotonen Ablauf übertönte; Sanxion mit seiner untypischen Prokofjew-Musik und einem geteilten Bildschirm, der das Spielgeschehen zugleich von der Seite und aus Vogelperspektive zeigt; Armalyte, eines der schönsten C64-Shmups, das auch höchstes spielerisches Niveau repräsentiert; Uridium, ein komplexer, ultraschwerer Shooter mit vom üblichen Schema abweichenden Elementen, der einen ganz neuen Standard bei Explosions-Animationen gesetzt hat; das fast unschaffbare Delta, das einen der besten Ingame-Soundtracks auf dem C64 bietet, für den Rob Hubbard Elemente von The Dark Side of the Moon und Koyaanisqatsi zu einem neunminütigen SID-Monster vermengte; IO mit fantastischer Grafik, elegantem Design und sehr hohem Schwierigkeitsgrad.

Katakis aus dem Hause Rainbow Arts war dem Arcade-Klassiker R-Type so ähnlich, dass Manfred Trenz & Co. diesen Titel auch gleich portieren mussten, um Probleme mit Rechteinhaber Irem zu vermeiden. Für mich war es allerdings über all die Jahre der gelungenste C64-Weltraumshooter, das Ballerspiel schlechthin, an dem sich alle anderen messen lassen mussten. Eine speicherbare Highscore-Liste war damals reiner Luxus, die Levels waren groß, das Raumschiff hatte imposante Up-

grades, die Levelbosse waren furchteinflößend. Und die Musik von Chris Hülsbeck gehört zu den allerbesten C64-Soundtracks. Neben einem Zwei-Spieler-Modus, bei dem man sich abwechselnd durch die Levels kämpfen konnte, gab es auch einen Koop-Modus, bei dem ein Spieler den Satelliten des Raumschiffs steuerte. Über Farbfehler und gar nicht so wenige Bugs habe ich dafür hinweggesehen.

Einen Sonderfall stellt das 2006 von Protovision veröffentlichte Metal Dust von Stefan Gutsch und Chester Kollschen dar. Es stellt technisch alles in den Schatten, was je auf dem C64 veröffentlicht wurde, bietet riesige Levels und nicht weniger als sieben Waffensysteme. Musikalisch umrahmt wird das Spiel von einem Soundtrack der Band Welle: Erdball mit jeweils über 1000 Blocks Digi-Sounds in jedem der vier Levels, in denen verschiedene übergroße Gegner ins Rennen geschickt werden. Auch High-Speed-Passagen werden in jedem Level geboten. Allerdings wird das Spiel hier außer Konkurrenz erwähnt, da es nur mit SuperCPU und SuperRAM-Karte (mindestens 4 MB) läuft.

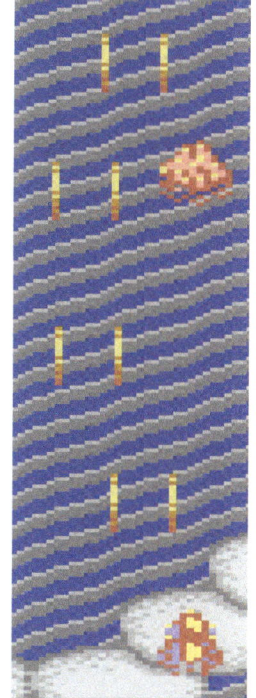

Grafisch herausragend präsentierte sich in einer Preview-Fassung Born in Space (1994) von Cosmos Designs, das allerdings nie fertiggestellt wurde und nur in einer Preview-Fassung bewundert werden kann.

■ Zeta Wing

...und die Zukunft?

Außerhalb der 8-Bit-Welt entwickelte sich das Genre weiter. Seit den frühen 90er-Jahren sorgte das Danmaku-Untergenre („Sperrfeuer"), auch „Bullet Hell" genannt, für Furore. Bei diesen Spielen geht es in erster Linie darum, einem unaufhörlichen Kugelregen auszuweichen, was auf C64-Hardware kaum befriedigend umgesetzt werden kann.

Doch wer sagt, dass nicht auch nach bewährter, klassischer Shooter-Rezeptur noch Spielehits entstehen können? In den letzten Jahren ist vor allem der Name Sarah Jane Avory mit dem Shooter-Genre auf dem C64 verbunden. Doch wer ist Sarah Jane Avory? Die britische Programmiererin schuf in den 1990er-Jahren Spiele wie Thunderhawk, Jaguar XJ220, Combo Racer, Gemini Wing, Fighting Force, und Soul Star für Plattformen wie Amiga, Atari ST, Atari Jaguar-CD (!), Sega

Mega CD, Sega 32X, Sega Saturn, PS1 und PS2. Heute schreibt sie in ihrer Freizeit C64-Spiele. Ihr vertikaler Shooter Neutron (kurz vorgestellt in Lotek64 #61) erhielt den Gamers' Choice Award von Retro Gamer Nation (RGN) als bestes C64-Spiel des Jahres 2019. Entwickelt wurde es für eine 16-kB-Modul-Compo. Rückblickend wirkt es wie eine erste Fingerübung für Zeta Wing.

Preisgekrönt: Zeta Wing

Zeta Wing wurde im September 2020 von Sarah Jane Avory, die Mitglied im Protovision-Team ist, veröffentlicht und kann derzeit nur in digitaler Form erworben werden. Das Spiel ist, so wie Neutron, ein vertikaler Shooter, aber technisch ausgereifter und umfangreicher. Inspiriert wurde es vom Arcade-Klassiker Gemini Wing (Tecmo, 1987). Wie der Vorgänger Neutron wurde Zeta Wing mit dem RGN Gamers' Choice Award 2020 ausgezeichnet, Indie Retro News wählte es zum Budget-Titel des Jahres 2020.

Die Hintergrundgeschichte erzählt von seltsamen Mutanten, die sich auf der Erde ausgebreitet haben, sowie von einem wagemutigen Raumschiffpiloten, der sich ihnen in den Weg stellt – und das ist glücklicherweise bereits die Langfassung.

Viel interessanter als die Story sind die spielerischen und technischen Details: Zeta Wing umfasst sieben grafisch abwechslungsreiche Levels, die dank Parallax-Scrolling und verschiedener Level-Bosse auch technisch imponieren. Damit für Anfänger und Profis gleichermaßen etwas geboten wird, können drei Schwierigkeitsgrade gewählt werden. Die Bewaffnung kann mit zehn Upgrades verbessert werden, von denen bei Verlust eines Lebens nur das zuletzt erworbene verloren geht. Eine Dauerfeuer-Funktion ist im Menü wählbar.

Nach dem Start ertönt eine sehr nette Titelmusik, die gar nicht martialisch klingt, aber schon auf das rasante Spielgeschehen einstimmt, das im ersten Level noch nicht allzu herausfordernd ist. In Level 2 gibt es eine neue Melodie und es geht sofort viel hektischer zur Sache. Gegner und Formationen erfordern auch im einfachsten Schwierigkeitsgrad ständige Aufmerksamkeit, da man nun gezieltem Feuer ausgesetzt ist und der Gleiter ständig bewegt werden muss, um nicht einen – immer sofort tödlichen – Treffer abzubekommen.

Wird eine ganze Formation ausgelöscht, erscheint ein „P"-Symbol auf dem Bildschirm. Wenn 12 davon eingesammelt werden, gibt es ein Waffen-Upgrade. „Z"- und „W"-Sprites können für zusätzliche Punkte abgeschossen werden – alle 50.000 Punkte spendiert das Spiel ein Extraleben.

Das Spiel bietet nichts, was man nicht schon in Spielen wie Lightforce, Terra Cresta und anderen vertikalen Shootern gesehen hat. Aber das Gebotene ist hervorragend und ansprechend umgesetzt, vor allem der Spielfluss von Zeta Wing ragt aus der Masse heraus. Die hohe Geschwindigkeit und die freundlich-verspielte Atmosphäre, die das Spiel trotz der actionreichen Handlung ausstrahlt, verleihen dem Shooter schon nach dem ersten Ausprobieren ein hohes Suchtpotenzial. Bei Zeta Wing gerät man durch den Rhythmus von Ausweich- und Angriffsmanövern schnell in einen Flow, den man sonst nur von Arcade-Automaten kennt.

Soul Force, der neue Shooter-Maßstab?

Zeta Wing ist ein beeindruckendes Spiel, bewegt sich aber im üblichen Rahmen eines C64-Shooters. Wer in eine neue Dimension vordringen möchte, wird bei Sarah Jane Avorys nächstem Streich fündig (und ein paar Euros mehr los): Soul Force wurde für die Veröffentlichung auf einem 512-kB-Modul entwickelt, weshalb nicht auf die Limitierungen des Diskettenformates Rücksicht genommen werden musste. Müssten alle Level-Screens und

▪ Soul Force

Zwischensequenzen von Diskette nachgeladen werden, wäre das dem Spielfluss sehr abträglich, oder man müsste auf diese atmosphärischen Elemente verzichten.

Die Handlung ist, wie bei Shmups üblich, schnell erklärt: Das Sonnensystem Soultron wird nach einer langen Phase des Friedens überraschend von einer außerirdischen Streitmacht überfallen, die mit einer biomechanischen Flotte die friedlichen Planeten überfallen möchte. Glücklicherweise wurde in Friedenszeiten das Projekt Soul Force ins Leben gerufen und ein kleiner, wendiger Raumgleiter entwickelt, um Gefahren aus dem Weltraum abzuwehren.

Alle Levels beginnen mit einem kleinen Intro, in dem die Geschichte der Eroberung des Planeten weitergesponnen wird, und einem Bild, das atmosphärisch auf die nächste Stufe einstimmt. Dieser Aufwand ist ungewöhnlich für ein C64-Spiel, auf Diskette würde sich das in langen Ladezeiten niederschlagen. Soul Force gibt es nur auf Modul und kann sich daher einen so opulenten Auftritt leisten.

Die Levels haben verschiedene Settings: In manchen fliegt man durch den freien Raum, in anderen in Höhlensystemen und sogar unter Wasser. Die 20 (!) Levels sind nicht allzu lang, was das Spiel allerdings nicht einfacher macht, da es so viele davon zu bewältigen gilt. Da alle Levels über eigene Introsequenzen, Titelbilder, Musikstücke und Levelbosse verfügen, ist Soul Force das umfangreichste und größte Shoot 'em Up, das je für den Commodore 64 geschrieben wurde.

Der Spielfortschritt wird auf dem Modul automatisch gespeichert. Darüber hinaus gibt es nach jeder abgeschlossenen Spielstufe Level-Passwörter sowie die Möglichkeit, den Spielstand auf Diskette zu sichern. Über die beiden zuletzt genannten Möglichkeiten werden sich vor allem Käufer der digitalen Version freuen.

Der Spielverlauf ist schnell zusammengefasst: Unser Raumschiff fliegt durch horizontal scrollende, schön gepixelte Landschaften, die optisch viel Abwechslung bieten. Bei den Hintergründen gibt es mehrstufiges Parallax-Scrolling, was bei C64-Shootern schon bei frühen Spielen üblich war. Meist wurde jedoch nur eine Ebene mit Sternen im Hintergrund in einer anderen Geschwindigkeit als der Vordergrund bewegt, um eine Tiefenwirkung zu erzeugen. In Soul Force gibt es fast immer mehrstufig scrollende Hintergründe, was angesichts der zahlreichen Sprites, die gleichzeitig über den Screen sausen, den C64 an die Grenze des Machbaren bringt.

Anders als bei Spielen wie Katakis und R-Type, bei denen durch Halten des Feuerknopfs der Beam aufgeladen werden kann, wird hier Dauerfeuer aktiviert, solange die Taste gedrückt bleibt – vorausgesetzt, diese Funktion wurde im Menü aktiviert. So erspart man sich hektische Fingergymnastik. Längere Feuerpausen gibt es nicht, da eine Angriffswelle auf die nächste folgt und auch die Kapseln, die die Waffen- und Raumschiff-Upgrades beinhalten, abgeschossen werden müssen, um an den begehrten Inhalt zu kommen.

Die Upgrades umfassen einen zeitlich begrenzt wirksamen Schutzschild, der das Spiel bedeutend einfacher macht, sowie stärkere Waffen. Insgesamt gibt es vier verschiedene Waffensysteme, die noch ausgebaut werden können. Hat man eine der Situation gut angepasste Waffe, ist es ratsam, keine weiteren Upgrades einzusammeln, da etwa breit streuende Kanonen sinnvoller sind, wenn Angriffswellen

■ Soul Force

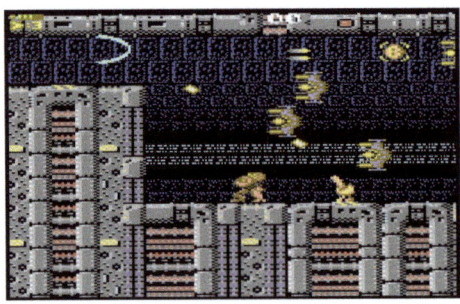
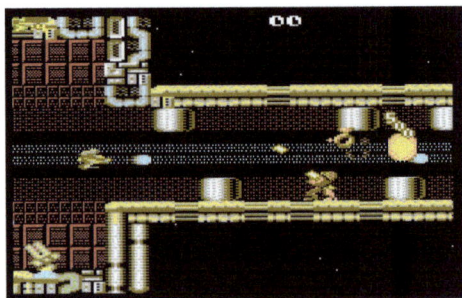

gleichzeitig von oben und unten erfolgen, als der kraftvolle Laser, der aber nur zerstört, was sich direkt vor unserem Schiff befindet. Verliert man ein Leben, gehen nicht – wie bei viele Shootern – sämtliche Upgrades verloren, sondern nur das zuletzt eingesammelte. Alle 50.000 Punkte gibt es, wie bei Zeta Wing, ein Extraleben.

Ferner gibt es Smartbombs, die sämtliche Gegner auf dem Bildschirm zerstören, sowie kurze, entspannende Phasen der Unverwundbarkeit. Neben den genannten Features hebt sich Soul Force, in unserem Universum übrigens der Name einer US-amerikanischen Antidiskriminierungs-Organisation, durch vier wählbare Schwierigkeitsgrade ab.

Die Steuerung fühlt sich gut an, das Raumschiff lässt sich exakt um Hindernisse, gegnerische Projektile und Schiffe manövrieren. Manchmal ist das Geschehen allerdings so hektisch, dass es kaum möglich scheint, ohne Schutzschild aus einer brenzligen Situation zu entkommen. Besonders wenn Gegner aus kurzer Distanz feuern, ist es kaum noch möglich, einen Treffer zu vermeiden.

Die Musik passt gut zum Spiel, die Melodien unterstreichen die Dramatik der nahezu endlosen Weltraumschlacht. Technisch wird dabei nichts Sensationelles geboten, dafür bietet der umfangreiche Soundtrack viel Abwechslung. Die Soundeffekte sind ebenfalls gelungen, sie beschränken sich auf die üblichen Schussgeräusche. Im Hauptmenü gibt es die Möglichkeit, den gesamten Soundtrack zu hören.

Soul Force ist ein weiteres Beispiel für Spiele von sehr hoher Qualität, die in jüngerer Vergangenheit für den C64 produziert werden. Gute Shooter gibt es viele für den C64, doch keiner bietet einen so großen Umfang und so viel Abwechslung. Dank der vier wählbaren Schwierigkeitsstufen haben nicht nur Hard-core-Spieler die Chance, das Ende zu erreichen. Soul Force hat Arcade-Qualitäten wie wenige andere C64-Actionspiele und wird allen, die dieses Genre mögen, beste Unterhaltung bieten.

Soul Force kaufen

Soul Force ist bei Protovision für 45 Euro zu haben (siehe Kasten). Dafür gibt es das Modul in einer Kartonbox in der gewohnten Qualität, eine gedruckte Anleitung, ein 3D-Raumschiff zum Zusammenbauen (kein Werkzeug nötig, eins von sechs Designs) und einen Aufkleber. Gegen Aufpreis gibt es außerdem eine Soundtrack-CD (Spielzeit über 50 Minuten!) und weitere 3D-Raumschiffe (für alle, die das Raumschiff in der Box intakt lassen wollen, aber trotzdem damit spielen möchten...). Die digitale Version ist immer enthalten. Das Spiel gibt es übrigens weder auf Diskette noch als D64-Image. Es funktioniert auf PAL- und NTSC-Systemen. ∎

Links

Zeta Wing kaufen:
Digitaler Download (3,99 USD)
https://sarahjaneavory.itch.io/zeta-wing
Cartridge (boxed) in Vorbereitung!

Soul Force kaufen
Digitaler Download (12,99 Euro);
Cartridge (boxed) ab 45 Euro (Extras gegen Aufpreis verfügbar).
https://www.protovision.games/

Preview-Fassung Born in Space (1994):
https://www.gamesthatwerent.com/gtw64/born-in-space/

Blog von Sarah Jane Avory:
https://sarahjaneavory.wordpress.com/

Odama (Nintendo GameCube)

Die Serie Retro Treasures beschäftigt sich mit seltenen oder ausgefallen Produkten der Video- und Computerspielgeschichte und befasst sich in dieser Ausgabe mit dem GameCube-Spiel Odama.

von Simon Quernhorst

Odama ist sicherlich eine der merkwürdigsten Kreuzungen unterschiedlicher Spielgenres. Es wurde vom japanischen Entwicklerstudio Vivarium erschaffen und im Jahre 2006 von Nintendo exklusiv für dessen GameCube-Konsole veröffentlicht. Auf den ersten Blick würde man Odama wohl als Flipperspiel einordnen, denn das größte Objekt auf dem Bildschirm ist die namensgebende Kugel Odama und auch die zwei Flipperarme am unteren Spielfeldrand fallen sofort auf. Tja, wenn da nur nicht die zusätzlichen Elemente eines Echtzeitstrategiespiels hinzukommen würden…

Denn tatsächlich steuert man mit den Flipperarmen die Bewegung der riesigen Kugel und versucht auf diese Weise Gegner zu besiegen und Aufgaben zu lösen. Mittels des Controllers kann das Spielfeld zusätzlich in alle Richtungen geneigt werden, um die Kugelbewegung zu beeinflussen. Gleichzeitig erteilt man mittels des beiliegenden Mikrofons jedoch auch noch ein Dutzend verschiedener Sprachbefehle an einen Soldatentrupp auf dem Spielfeld.

Diese Soldaten müssen nämlich, als eigentliche Aufgabe des Spiels, die sogenannte Ninten-Glocke einmal quer über das Spielfeld tragen und natürlich sollte die Kugel möglichst nicht in die eigenen Truppen gesteuert werden. Außerdem sind Aufgaben zu erfüllen, Extras einzusammeln, die Moral der Truppe zu erhalten, zusätzliche Truppen auf das Spielfeld zu schicken, Reis zu verteilen, etc. Außerdem sind beispielsweise auch Kavallerie und gegnerische Generäle

■ Neue Befehle!

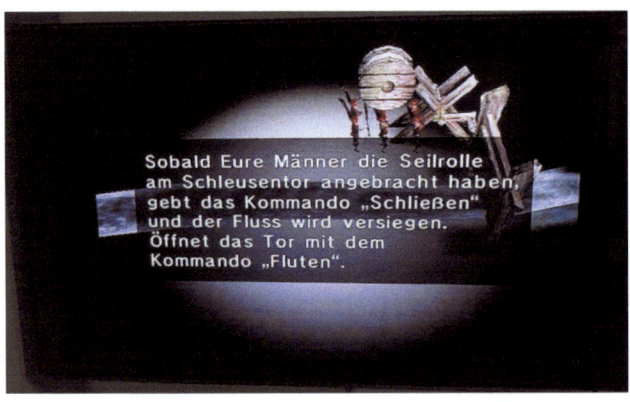

■ Nicht Obama, nein Odama.

zu beachten und Gegenstände mit einem Cursor anzusteuern. Als Feinheiten sollten auch abgesperrte Flüsse nicht versehentlich wieder geöffnet werden und Reis nicht in gegnerische Hände gelangen. Hinzu kommen noch ein wirklich knackiges Zeitlimit und einige Überraschungen.

Nicht genug der fernöstlichen Anleihen, denn tatsächlich erfolgt die komplette Sprachausgabe des Spiels in japanischer Sprache und wird lediglich Deutsch untertitelt. Dabei trägt die japanische Sprache jedoch gut zur Atmosphäre des mittelalterlichen Spiels bei und ist wirklich unterhaltsam, vor allem wenn der

Kommentator den Spieler schadenfroh auslacht. Teilweise ist nämlich so viel auf dem Bildschirm los, dass man den Überblick schon mal verlieren kann oder die Odama vor lauter Sprechblasen nicht mehr sieht.

Der Befehlssatz des Mikrofons ist glücklicherweise Deutsch, beginnt mit wenigen Begriffen und wird im Laufe der ersten Levels stetig erweitert, z. B. Vorwärts, Zurück, Links, Rechts, Sammeln, Stürmen, Schließen, Fluten, Durchbruch. Leider muss jedoch stets die Controllertaste „X" gehalten werden, um dann gleichzeitig den gewünschten Befehl ins Mikrofon sprechen zu können.

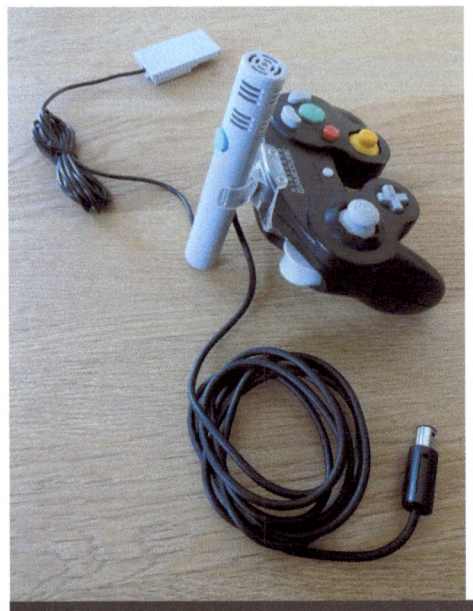

Odama erhielt damals mittelmäßige bis gute Kritiken, z. B. vergab die britische EDGE lediglich 4 von 10 Punkten, die deutsche MAN!AC urteilte: „Schwere, taktisch vielseitige Strategie-Flipperei mit guter Ballphysik, aber konfusem Spielablauf" und IGN zeichnete das Spiel mit dem Prädikat „2006 Most Innovative Design" aus.

Das Mikrofon wird übrigens in den Konsolenslot B und eine Speicherkarte in Steckplatz A gesteckt. Mittels eines beiliegenden Clips lässt sich das Mikrofon sehr gut am Controller befestigen. Schön ist auch, dass Odama, aufgrund der Abwärtskompatibilität, auch auf Nintendos Wii-Konsole funktioniert. Auch mit dem Anschluss des Mikrofons gibt es hier keinerlei Probleme.

■ Links: Eins, Zwei, Test… das montierte Mikrofon
Unten: Jede Menge los auf dem Spielfeld.

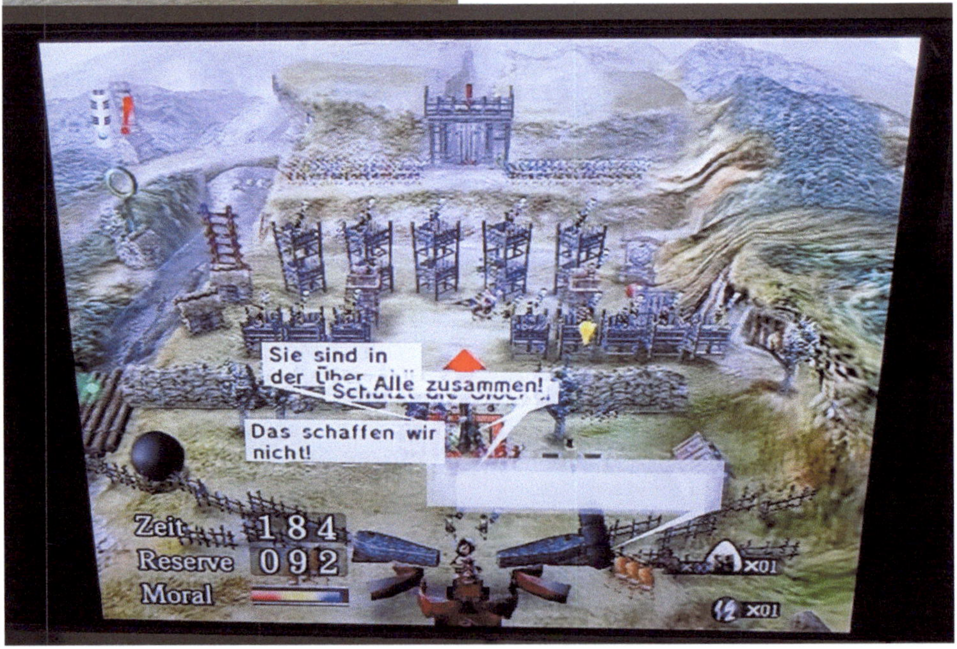

Das GameCube-Mikrofon (Nintendo-Artikelnummer DOL-022) wurde mit drei Spielen ausgeliefert: Odama, Mario Party 6, Mario Party 7. Der zusätzliche Mikrofonhalter am Controller (Nintendo-Artikelnummer DOL-025) lag jedoch nur Odama bei. Eine weitere kleine Besonderheit steckt im Anleitungsheft, denn das Mittelblatt ist mehrfach gefaltet und zeigt so eine ausklappbare Karte der Spielwelt. ∎

Der Autor

Simon Quernhorst, Jahrgang 1975, ist begeisterter Spieler und Sammler von Video- und Computergames und Entwickler von neuen Spielen und Demos für alte Systeme. Zuletzt durchgespielter Titel: Tomb Raider Underworld (Xbox 360).

Nin-ten-do

Odama spielt im Jahr 1539 und die Anleitung verrät uns: „Das andere Geheimnis war die Nintendo-Doktrin, der Weg der himmlischen Pflicht. Das Wort Nin-ten-do setzt sich zusammen aus den Anfangs-Kanji [Schriftzeichen] dreier Leitsätze: „Nin-ga Mushin" (Erfülle selbstlos Deine Pflicht!), „Ten-zai Kourin" (Die im Himmel werden herabsteigen!) und „Do-gi Tsumei" (Moralisches Handeln ist tägliches Muss!). Die Soldaten kämpften im Vertrauen auf die Himmelsmächte für die gemeinsame Sache. Dies ist der Ursprung von Bushido, dem Kodex der Samurai." Bei einer so ehrenvollen Namensherleitung ist es kein Wunder, dass das Spiel nur für den GameCube erscheinen konnte… was die Herleitungen von Mi-cro-soft und So-ny wohl ergeben hätten?

∎ Interne Unterhaltung über das Spielprinzip?

Die Demoszene in der dritten Dimension

Anaglyph 3D

Das Anaglyph 3D-Verfahren verwendet die Demoszene schon seit rund 30 Jahren. Doch die Technologie dahinter ist wahrlich schon uralt.

von Lars Sobiraj

Das Verfahren Anaglyph 3D wird in der Demoszene schon seit rund 30 Jahren angewendet. Doch das eigentliche Verfahren dahinter ist schon viel älter. Wir werfen einen Blick auf die Technik und wollten von einem Kölner Programmierer wissen, was ihn so sehr daran reizt. Wenn das Verfahren so spannend ist, warum kommt es bei Demos und Intros trotzdem so selten zum Einsatz? Wir haben einmal genauer nachgehakt.

Leipziger erfand Anaglyph 3D im Jahr 1853

Das eigentliche Anaglyphen-Verfahren ist weit mehr als 100 Jahre älter als die Demoszene sebst. Der Leipziger Wilhelm Rollmann entwickelte es schon im Jahr 1853. Ein Farbanaglyphenbild ist ein Stereogramm. Bei diesem stellt man die Teilbilder nicht nebeneinander dar, sondern sie werden überlagert. Das Verfahren war in den letzten 50 Jahren so beliebt, weil es so preiswert ist. Die 3D-Brillen enthielten anfangs noch den roten Filter vor dem linken Auge, den grünen vor dem rechten. So richtig bekannt wurden die Brillen in den 70er Jahren, als Jugendzeitschriften wie Yps oder FRÖSI (DDR) häufiger dreidimensionale Darstellungen für ein Brillenglas in Rot und eines in Cyan abgedruckt haben. Diesen Comic-Zeitschriften lagen ab und zu auch solche Brillen aus Pappe bei. Heutige Kinos verwenden übrigens eine ganz andere Technik, bei der sogenannte Polfilter-Brillen zum Einsatz kommen.

■ fractus von deFarce – Anaglyph 3D Demo auf einem ZX Spectrum Enhanced.

Wie funktioniert das Ganze?

Die beiden menschlichen Augen haben voneinander ständig einen feste Abstand. Somit nimmt jedes Auge die Umwelt mit einer geringfügig anderen Perspektive auf. Die beiden dreidimensionalen Eindrücke der Augen setzt das Gehirn dann zu einem einzelnen 3D Bild zusammen. Beim Anaglyph-Verfahren lässt das rote Glas (links) nur rote Farbtöne durch, alle anderen werden gefiltert. Das rechte Brillenglas in Cyan (zwischen Blau und Grün) lässt nur Töne in Cyan, Grün- und Blautönen durch. Das gleiche Objekt wird dargestellt in verschiedenen Farben, abhängig von links oder rechts, das Gehirn setzt das Bild dann dreidimensional zusammen. Coder haben damit gleich die doppelte Arbeit, weil jede Fläche doppelt dargestellt werden muss. Also für jedes Auge einmal.

■ 3D für Windows PCs: Gravity of the Moon von Farbrausch

Geschichtliche Aspekte von Anaglyph 3D

Die ersten in der Demoszene bekannten Produktionen tauchen in den Datensätzen im Jahr 1990 auf, als die Gruppe Exit mit ihrem 3D Demo „Quo Vadis" die Theatre and Network Party gewonnen hat. Dicht gefolgt vom Anaglyph 3D Demo „Third Dimension" der weitaus bekannteren Gruppe Cryptoburners. Danach tauchten Produktionen, die mit dem Anaglyph 3D-Verfahren erstellt wurden, nur noch sporadisch auf. Einzig die in Berlin stattfindende Party Deadline organisiert jedes Jahr aufs Neue eine 3D Competition.

Das mag auch der Grund sein, warum Pouet für 3D Demos keine eigene Kategorie erstellt hat. Derartige Produktionen findet man vermischt mit anderen Werken in „Alternative Demo", das kann nichts und alles bedeuten. Lediglich die Online-Datenbank Demozoo hat dafür eine eigene Kategorie eröffnet, wo 26 3D-Produktionen verewigt wurden. Darunter

auch ein Javascript-Demo, ein 3D Bild, Videos und Intros bzw. Demos auf den verschiedensten Computer Plattformen. Die am häufigsten benutzte Plattform ist wenig überraschend Windows, gefolgt von Amiga OCS/ECS Demos.

Anwendung auf dem Amiga, KC 85/4 oder einem Windows-PC

Die Hardware von Windows PCs dürfte mit der Technik die wenigsten Probleme haben. Schließlich sind hier leistungsfähige Grafikkarten Standard. Die GPU muss halt jede Szene zweifach darstellen aus einer geringfügig anderen Perspektive. Beim Amiga hilft einem die Hardware des Gerätes selbst. Mithilfe von Bitplanes geht das Coden laut Doc K. von Moods Plateau recht einfach von der Hand. Zwar muss auch hier jedes Bild 2x dargestellt werden. Aber die Berechnung des Resultats geschieht automatisch durch eine geschickte Wahl der Farbpalette. Allerdings muss man bei Überlappung die Mischfarben berechnen lassen.

Der Amiga zeichnet die Bilder auf die unterschiedlichen Bitplanes, die daraus resultierende Mischfarbe entsteht dann mehr oder weniger automatisch. Kompliziert wird es beim Kleincomputer KC 85/4 aus der DDR. Hier kommt ein spezieller Bildschirmmodus zum

■ Anaglyph 3D auf einem Amiga 500 – Peek von Spaceballs.

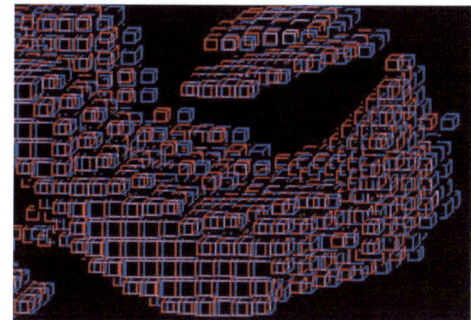

Einsatz, der kein Standardmodus ist. Während die Farbpalette nicht mehr geändert werden kann, funktioniert die Umsetzung ähnlich wie beim Amiga mithilfe der Bitplanes. Der KC 85/4 ist aufgrund der Palette eher zufällig geeignet für die Anaglyph 3D Technologie mit den beiden Farben Rot und Cyan.

Was reizt Coder an diesem Verfahren?

Wir haben uns ausführlich mit Doc K. von Moods Plateau unterhalten, der selbst schon mehrere 3D Produktionen erstellt hat. Laut seiner Auffassung ist es für die Programmierer eine größere Herausforderung, bis dreidimensionale Demos tatsächlich funktionieren. Zudem erzeugen die Eindrücke mehr AHA-Effekte und können das Publikum besser begeistern. Für ihn ist die etwas kompliziertere Umsetzung interessant, weil man nicht tagtäglich damit zu tun hat. Zu gerne erinnert er sich an seine Kindertage zurück, als er 3D Bilder in Comicheften betrachtet hat. Das Ganze erinnert ihn ein wenig an die Faszination für Lego-Bausteine, die bis heute manche Erwachsene in ihren Bann zieht.

Doch die Technik dahinter ist noch aus andern Gründen faszinierend: Auf einer völlig flachen Leinwand entsteht aufgrund der Technologie plötzlich etwas Dreidimensionales. Die räumliche Dimension ist ein zusätzlicher Aspekt, der bei anderen Wettbewerben schlichtweg nicht vorhanden ist.

Warum gibt es nicht mehr Anaglyph-3D-Demos?

Im Prinzip ist die Technologie dahinter ein alter Hut. Demoszener hegen hingegen oft den den Wunsch, sich am Puls der Zeit zu bewegen. Doch es sprechen auch rein organisatorische Gründe dagegen. Bei Demopartys müssten alle Teilnehmer entweder eigene Brillen mitbringen oder die Möglichkeit erhalten, auf der Party eine 3D-Brille zu kaufen. Ohne zusätzliche Hardware entfällt der Effekt vollständig. Die Deadline Party hat sich auf diese Technik spezialisiert. Entwickler bekommen im Vorfeld eine 3D Brille zugeschickt. Außerdem legt man ihnen eine Karte mit einem motivierenden Spruch bei. Wer keinen Assembler etc. beherrscht, kann die Brillen natürlich bis heute im Internet oder sonst wo kaufen. Leider musste diese Veranstaltung in 2020 coronabedingt ausfallen, auch online fand die Deadline nicht statt. Die Organisatoren haben sich dagegen entschieden.

Fazit

Die Werke aus 2018 und 2019 stammen allesamt von der „Three-Dee competition" der Deadline. Würden sich die Organisatoren von mehr Partys die Mühe machen, die 3D Brillen zu verkaufen und jedes Jahr eine 3D Competition abhalten, würde es natürlich viel mehr solcher Produktionen geben. Auch wenn die Anaglyph 3d Technologie weiterhin eine Nische darstellt, so ist die verwendete Technik dennoch sehr interessant. Wer aufgrund dieses Artikels Lust auf einen tieferen Einblick bekommen hat, braucht bei der Suchmaschine seiner Wahl nur „Anaglyphbrillen kaufen" eingeben und erhält bei Amazon, eBay & Co. Brillen ab knapp 1,60 EUR pro Stück. Die Anschaffungskosten sind also mehr als überschaubar. Und wem die paar Demos nicht reichen, im Web gibt es unzählige 3D-Bilder, die man sich damit kostenlos anschauen kann. Wer eine Suchmaschine bedient, findet Massen und kann sich bei Gefallen mit dem Betrachten stundenlang beschäftigen. ∎

Link

Dieser Artikel wurde auch auf tarnkappe.info veröffentlicht:
https://tarnkappe.info/anaglyph-3d-die-demoszene-in-der-dritten-dimension/

Backbone

Ein dystopischer Waschbär-Krimi

Drei Dinge liebe ich im Leben: Noir-Detective-Fiction, Abenteuerspiele und Waschbären. Und so war es für mich nicht überraschend, dass Backbones Kickstarter vor drei Jahren erfolgreich war.

von Marleen

Auf Steam konnte man den Prolog zur Geschichte spielen und sich selbst ein Bild machen von der wirklich wunderschönen Pixelkunst, dem athmosphärischen Soundtrack und einem kurzen, aber vielversprechenden Einblick in das von Waldtieren bevölkerte Vancouver.

Howard, der Waschbär-Detektiv, wird angeheuert um das Verschwinden einer Person aufzuklären, und wird hineingezogen in die Welt des organisierten Verbrechens, Drogen, Prostitution, Korruption und mehr... soll hier nicht verraten werden.

Nun wurde Backbone am 8. Juni auf Steam für PC veröffentlicht, und während der Prolog überall auf Liebe stieß, waren die Reaktionen auf das volle Spiel eher gemischt.

Das Spiel ist eher kurz geraten, man kann es in vier bis fünf Stunden bequem durchspielen. Vor allem hat die Vollversion weniger Puzzle-Elemente als erwartet – viele würden das Spiel eher als interaktiven Roman bezeichnen denn als Adventure.

Der Grund liegt vermutlich darin, dass es mitten in der Produktion einen Personal wechsel gab – der führende Designer wurde von einem Game-Writer abgelöst, und das merkt man auch recht deutlich. Nun sind viele extrem enttäuscht, die sich ein längeres und interaktiveres Spiel gewünscht hatten. Auch ich hätte gerne länger in der Backbone-Welt verweilt. Aber so ist das manchmal in der Indie-Szene, da muss man nehmen, was man kriegen kann.

Ich finde das Spiel sehr schön – auch wenn es zu großen Teilen „nur" eine interaktive Geschichte ist.

Meine Empfehlung: Den Abend freinehmen, das Licht dimmen, es sich mit Tee und Keksen gemütlich machen, und die wunderbaren Grafiken und den Soundtrack genießen. ∎

☆ ☆ ☆ ☆

Vier Sterne für vier schöne Stunden.

Gemeinsam Retro-Gamen im Lockdown

Gemeinsam mit 8-Bit

Gemeinsam spielen mit dem Commodore 64, auch über räumliche
Distanz hinweg: Dafür gibt es mehrere Ansätze, die wir hier vorstellen.

von Wilfried Elmenreich

Spiele in der Gemeinschaft spielen war schon immer toll, sowohl bei frühen Treffs von Commodore-Fans in den 80ern als auch bei aktuellen Events. Neben den Spielen die man allein spielte und bei denen einen andere über die Schulter blickten während man vorzeigte wie man die Feuerbrücke bei „Ghost'n'Goblins" überwindet – das war so eine frühe Form von lokalem Twitch-Streaming – waren vor allem Spiele interessant, die man gemeinsam spielen konnte – sei es um sich gegenseitig abzuknallen wie beim brandneuen „Showdown" oder um gemeinsam ein Ziel zu erreichen so wie bei „Wizball" oder „Wizard of Wor". Dazu erlauben Mehrspielerspiele wie „Winter/Summer/World/California...Games" die abwechselnde Teilnahme von bis zu 8 Spielern.

Mit der Corona-Krise und den damit verbundenen Kontaktbeschränkungen ist das Spielen vor dem gleichen Bildschirm leider erst mal auf Eis, es sei denn man hat das Glück mit den anderen Spielern und Spielerinnen im gleichen Haushalt zu leben. Für alle anderen gilt, dass man sich etwas überlegen muss wie man das remote hinkriegt.

Das Modell, bei dem jemand vorspielt und die anderen zuschauen lässt ist relativ einfach umzusetzen, indem man sich vor der Originalhardware oder zwecks Videoqualität noch besser vom Emulator abfilmen lässt und das Ergebnis streamt. Solche Channels, sowohl mit modernen als auch mit C64 Games gibt es schon länger auf Plattformen wie Twitch TV oder Youtube Gaming. Insbesondere Twitch TV hat nun auch in der C64 Scene eine gewisse Beliebtheit zur Organisation von Online-Treffen erreicht.

Um aber gemeinsam zu spielen bedarf es weiterer technischer Lösungen. Im Prinzip gibt es zwei Ansätze:

Das Spiel läuft auf einem Host-System, von dem aus Grafik und Sound gestreamt werden, dazu werden Aktionen an Eingabegeräten der Mitspieler über das Internet an das Host-System gesendet. Das Host-System könnte durchaus ein realer C64 sein, aber die Hardware zum Abgreifen von Grafik und Sound muss weit leistungsfähiger sein, schließlich muss ein Stream mit 50 Bildern pro Sekunde mit einer Auflösung von 320x200 Pixel (ggf. noch etwas mehr, wenn die Randpixel mitübertragen werden sollen) aufgenommen, komprimiert und mit geringer Zeitverzögerung über das Netz verschickt werden. Bei den Mitspielern muss dann der Stream dekodiert und angezeigt werden, das geht nicht mehr auf Originalhardware. Auch auf der Hostseite tut man sich mit einer Emulatorlösung etwas leichter, da der Bild- und Audiostream leichter aufgenommen werden kann. Eine gut umsetzbare Lösung für

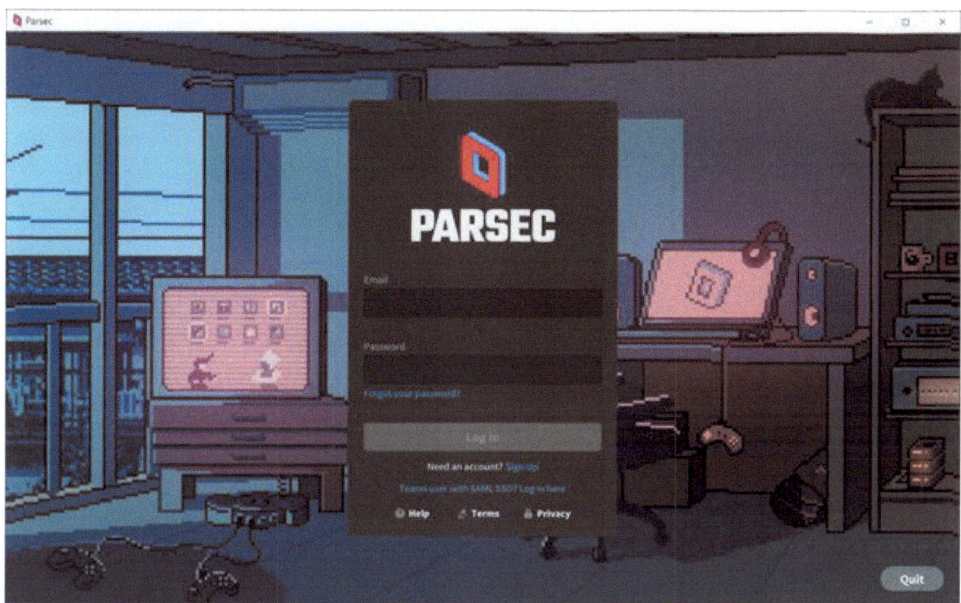

■ Parsec präsentiert sich zwar im Pixel-Retro-Look, bietet aber State-of-the-Art Frame-Grabbing und Video Encoding

diesen Ansatz ist die Software Parsec (https://parsecgaming.com/), welche allgemein zum gemeinsamen Remote-Spielen von lokal laufenden Spielen gedacht ist. Die Voraussetzung ist, dass sich alle Mitspieler einen Gratis-Account bei Parsec anlegen und sich die Software herunterladen oder es im Browser laufen lassen. Hat man dazu noch einen Joystick mit USB-Anschluss, kann dieser als „Gamepad" an den Hostcomputer durchgeschliffen werden, wo wiederum der VICE-Emulator die Controlleraktionen als Joystickbewegungen an das Spiel weitergibt. In einer Parsec-Session sind insgesamt bis zu 4 Spieler möglich. In einem Test hat der Ansatz mit Parsec und USB-Speedlink Joysticks erstaunlich gut funktioniert, allerdings hat der Spieler am Host etwas kürzere Reaktionszeiten als der remote zugeschaltete Spieler. Dies kann am besten durch Auswahl

eines geeigneten Spiels kompensiert werden, immerhin steht einem bei diesem Ansatz ja die gesamte C64-Spielebibliothek offen.

Ein Ansatz bei dem weniger Daten übertragen werden müssen ist das Spiel verteilt auf mehreren Hosts auszuführen, welche sich gegenseitig nur Nachrichten zu den Änderungen im Gamestate schicken. Laufen zum Beispiel zwei Spieler durch eine wunderschön gezeichnete gescrollte Spielwelt, so würde es ausreichen den anderen Computern jeweils nur die Koordinaten des eigenen Spielers mitzuteilen um sich gegenseitig zu „sehen". Jeder Computer zeichnet dann die anderen Spieler an der entsprechenden Stelle ein. Natürlich kommen, wenn es Spielerkationen geben soll wie zum Beispiel das Attackieren eines Monsters oder eines anderen Spielers, noch weitere Daten

* Head-On, ein C64-Online-Spiel mit
Snake-Mechanik

net Protocol (CSIP), wobei hier aber auf einen zentralen Server für die Spielkoordination zurückgegriffen wird. Die Spielauswahl ist aber im Vergleich zur C64-Bibliothek sehr klein, auf dem Server finden sich zum Beispiel nur eine Pferderennensimulation und „Head-On", ein Spiel mit Snake-Mechanik.

Einen interessanten Misch-Ansatz versucht der VICE-Emulator mit seiner Netplay-Funktion. Hierbei wird das gleiche Spiel gleichzeitig auf zwei Hosts gestartet und bis zu zwei Joystickeingaben oder eine Tastatureingabe können beliebig zwischen den beiden Rechnern verteilt werden. Der Ansatz beruht darauf, dass der VICE-Emulator prinzipiell zyklengenau und deterministisch arbeitet und dass somit dieselbe Eingabe das gleiche Ergebnis erzielt. Verbindet man zum Beispiel zwei Rechner, teilt die Joysticks zwischen beiden auf und startet das Spiel „Save New York" im Zweispielermodus, so bewirkt eine Joystickbewegung nach oben, dass sich das gleiche Flugzeug auf beiden Systemen bewegt. Somit spielt jeder Spieler lokal in seiner Kopie, die sich aber durch die hereingemappten Eingaben der

hinzu. Dann müssen weitere Koordinaten und Hitpoints übertragen werden. Insgesamt kann die Datenflut aber zumeist soweit im Zaum gehalten werden, dass so ein Ansatz sogar auf Originalhardware möglich wäre, sofern ein Modul zur Onlinekommunikation vorhanden ist. Allerdings müssen die Spiele speziell für diesen Anwendungsfall entworfen werden. Ein Beispiel, das in diese Richtung geht ist Commodoreserver (https://www.commodoreserver.com) mit seinem CommodoreServer Inter-

Ansätze im Vergleich			
Ansatz	**Beispiel**	**Vorteile**	**Nachteile**
Stream von einem Host übertragen, Controlleraktionen retour	C64-Emulator mit Parsec beim Host Parsec mit Controller/USB-Joystick bei Clients	Alle Spiele nutzbar bis zu vier SpielerInnen	Höhere Verzögerung bei Remote Clients Ansatz nicht mit Originalhardware umsetzbar
Verteiltes Spiel, Updates von Zustandsdatenänderungen	C64 (real oder Emulator) mit RS232-Modem Verbindung zu CommodoreServer	Mit Originalhardware umsetzbar braucht nur geringe Bandbreite	Spiele müssen speziell für diesen Fall geschrieben sein derzeit nur wenig Angebot
Synchronisation der Eingabedaten zu parallel laufenden Instanzen	VICE Netplay	Alle Spiele nutzbar braucht nur geringe Bandbreite	Möglicher Synchronitätsverlust durch Nachrichtenverzögerung

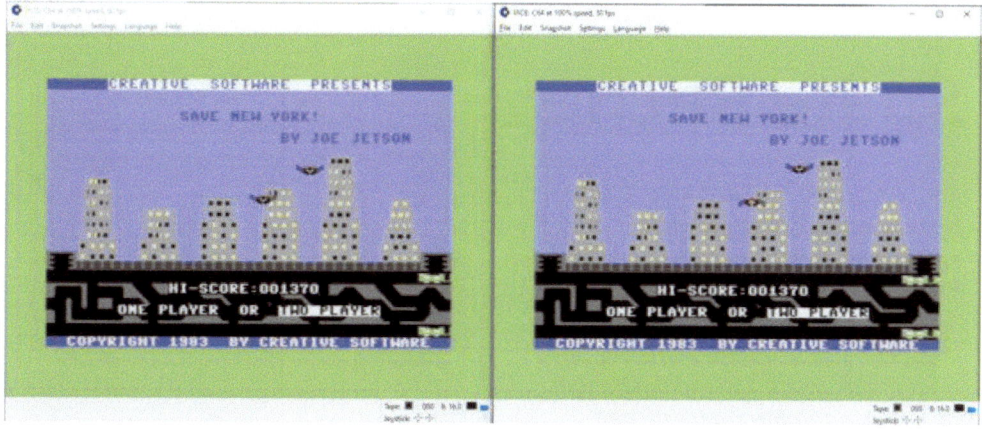

■ Zwei mittels VICE Netplay perfekt synchronisierte Instanzen des Spiels Save New York

Kopie des anderen Hosts gleicht. Ist die Internetverbindung gut und ohne nennenswertes Delay, so funktioniert das in der Praxis recht gut, aber bei langsameren Internetverbindungen waren durch die Verzögerung Aktionen nicht immer perfekt synchron. Während das Flugzeug im Spiel „Save New York" am lokalen Host eine Aktion vielleicht gerade noch überlebt, kann es sein, dass das gleiche Flugzeug im anderen Host crasht, spätestens dann sind beide Spielinstanzen so weit auseinander, dass ein sinnvolles Weiterspielen nicht mehr möglich ist. Wir haben die Netplay-Funktion mit dem etwas älteren VICE 3.2 getestet, da uns in der neueren Version keine Verbindung gelang.

Als Fazit empfehlen wird bei Onlineparties einfach mal Parsec auszuprobieren, da die Handhabung einfach ist und die Spielauswahl am größten ist. Technisch am interessantesten ist sicherlich das Netzwerkkonzept, vor allem wenn neue Spiele dafür entwickelt werden. Netplay ist eher für lokale Netzwerke interessant, da es ein kleines Delay erfordert. ■

Der Autor

Wilfried Elmenreich bekam seinen ersten Computer, einen Commodore 128, zu Weihnachten 1985. Von da an beschäftigte er sich intensiv mit den Möglichkeiten zur Programmierung des Computers und war insbesondere vom Schreiben von Computerspielen fasziniert. Das Interesse an Elektronik und Informatik prägte seine Wahl bei der Ausbildung und im Berufsleben. Er besuchte eine HTL für Elektrotechnik und absolvierte anschließend ein Studium der Informatik. Danach arbeitete er an der Technischen Universität Wien im Rahmen seines Doktoratsstudiums und schloss als Postdoc seine Habilitation in Technischer Informatik ab. Heute arbeitet er als Universitätsprofessor für intelligente Energiesysteme an der Universität Klagenfurt und unterrichtet in den Studien zu Informations- und Kommunikationssystemen sowie in einem Masterstudium zu Game Studies and Engineering. Dazu beschäftigt er sich hobbymäßig weiterhin mit Aspekten des Retro-Computings und kann dieses Wissen auch bei beruflichen Themen wie Game Design, Embedded Computing und bei der Motivation einer neuen Generation von Technikstudierenden einfließen lassen.

C64-Jump'n'Shoot: Outrage

Späte Rache

Mit Outrage ist im Dezember 2020 ein herausragendes Actionspiel für den C64 erschienen. Beinahe unglaublich ist die Geschichte dahinter, denn es dauerte 30 Jahre, bis es sein Publikum endlich erreicht hatte. Wir haben uns das Spiel angesehen und mit Bernd Buchegger, dem Programmierer, gesprochen.

von Georg Fuchs

Spiele, die für Retro-Plattformen geschrieben werden, können mehr Zeit in Anspruch nehmen als aktuelle Konsolentitel, die mit astronomischen Budgets von riesigen Teams entwickelt werden. Bei 8-Bit-Spielen war meist beides überschaubar. Outrage war ursprünglich das Werk eines einzelnen Programmierers. Dass es 30 Jahre dauern würde, bis das Spiel seine offizielle Veröffentlichung erleben würde, hätte dieser wohl nicht gedacht. Doch gut Ding braucht Weile. Im Dezember 2020 war es schließlich soweit.

Eine lange Vorgeschichte

Wir schreiben das Jahr 1988: Noch ist die Heimcomputerszene fest in C64-Händen, die 16-Bitter sind teuer und die Softwarehäuser versorgen die 8-Bitter noch mit unzähligen guten Spielen. In Österreich gründen die Schüler Arnold Blüml und Hannes Sommer die Gruppe Cosmos Designs, im selben Jahr stoßen Karl Sommer und Bernd Buchegger dazu. Die 15- und 16-Jährigen konzentrieren sich zuerst auf Demos, in denen sie ihre Fähigkeiten als C64-

Coder eindrucksvoll unter Beweis stellen. Ab 1989 verlegt sich die Gruppe immer stärker auf die Programmierung von Spielen. Über 20 Titel wurden in den folgenden Jahren veröffentlicht, die meisten auf Heft-Disketten bei Game On, der Magic Disk 64 und beim 64'er-Magazin. Zu den bekanntesten Cosmos-Spielen zählen die Fred's-Back-Reihe, Super Nibbly und Cosmox. All diese Spiele fielen in eine Zeit, in der der Commodore 64 immer stärker von einer neuen Generation von 16-Bit-Computern und -Konsolen an den Rand gedrängt wurde.

1990 entstand zum ersten Mal ein Konzept für das Spiel Outrage. Hannes Sommer steuerte Tipps bei, das Spiel schrieb Bernd Buchegger

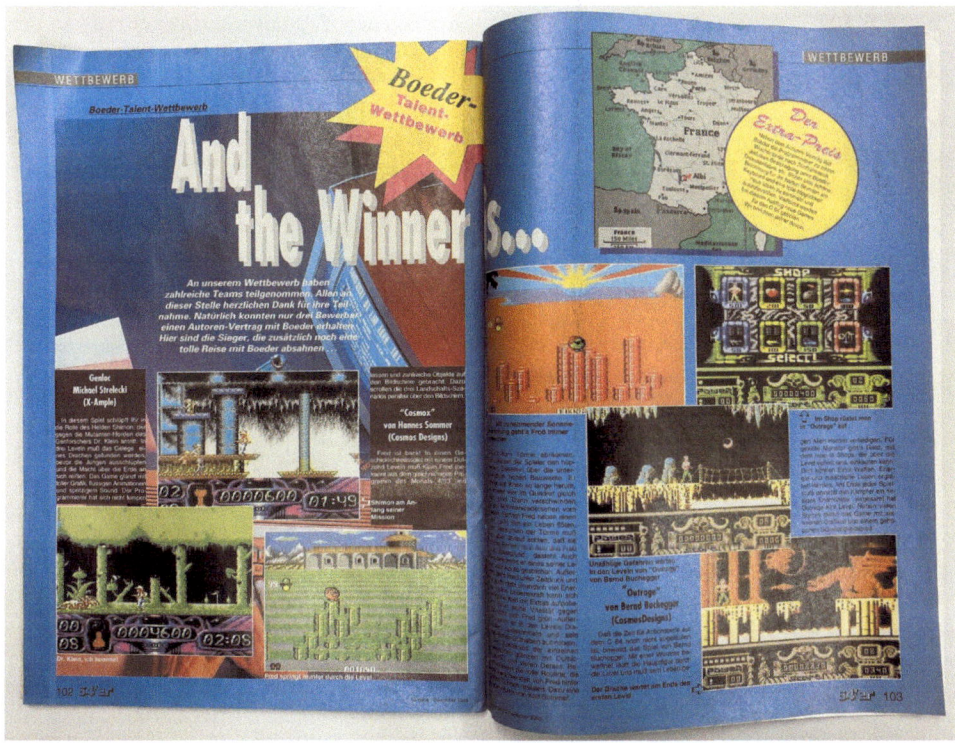

(alias Panther) aber alleine. Outrage war ein Jump'n Shooter, auch bekannt als Run and Gun, ein damals äußerst populäres Genre. Da das Internat, das Bernd damals besuchte, keine privaten Computer erlaubte, konnte er nur an den Wochenende coden. So dauerte es zwei Jahre, bis sich das Spiel fertig anfühlte. Nun galt es, einen Publisher zu finden. Zufällig erschien zu dieser Zeit im 64'er-Magazin ein Aufruf zu einem Talentwettbewerb der deutschen Firma boeder, die Büroartikel, Computerzubehör und Software vertrieb. Boeder war in diesen Tagen auch ein sehr bekannter Hersteller von Disketten und jedem Heimcomputer-User ein Begriff. Den drei am besten bewerteten Beiträgen wurde eine kommerzielle Veröffent-

lichung ihres Spiels in Aussicht gestellt, dazu eine Woche in Südfrankreich inklusive Besichtigung eines Werks, in dem boeder-Disketten hergestellt wurden.

Nach einigen Monaten wurden die Ergebnisse des Wettbewerbs im 64'er-Magazin bekannt gegeben. Outrage war einer der drei Siegertitel, bei den anderen beiden Spielen handelte es sich um Cosmox von Hannes Sommer und Genloc von X-Ample Architectures – letzteres übrigens wie Outrage ein Jump'n'Shoot-Spiel mit Hawkeye-Anleihen. Endlich Anerkennung durch Familie und Freunde, endlich eine Bestätigung, dass all die am Heimcomputer verbrachte Zeit nicht verschwendet war...

Doch boeder ließ drei Monate nichts mehr

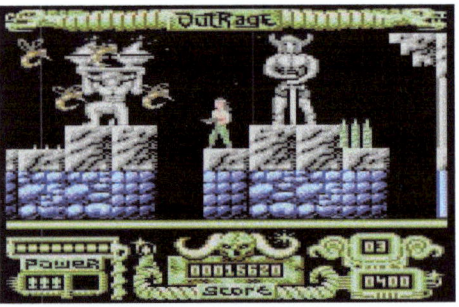

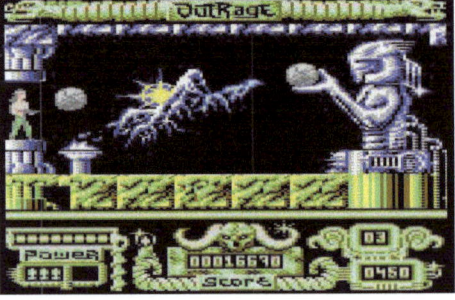

von sich hören. Dann endlich ein Brief – mit einer alarmierenden Nachricht: Aufgrund einer Umstrukturierung sei man derzeit nicht in der Lage, sich um die Veröffentlichung des Spiels zu kümmern. Also hieß es weiter warten. Nach weiteren sechs Monaten folgte schließlich der endgültige Todesstoß für die Veröffentlichung. Boeder bedauerte in einem Brief, die Ausrichtung des Unternehmens geändert zu haben und keine C64-Titel mehr zu veröffentlichen. Statt eines veröffentlichten Spiels und einer Woche in Frankreich bot boeder Bernd an, ein Produkt aus dem Firmenkatalog auszuwählen. Das war ein schwerer Schlag, Bernd fühlte sich betrogen und schrieb eine wütende Antwort, außerdem bestellte er den gesamten Katalog. Boeder ließ danach nie wieder von sich hören.

Die Macher der anderen Gewinnertitel konnten ihre Spiele unters Volk bringen: Cosmox erschien beim CP-Verlag (Game On 08/1994), Genloc wurde schließlich via Magna Media (64'er 10/1994) veröffentlicht. Die Geschichte von Outrage endete hier jedoch vorerst. Die C64-Szene war im Niedergang, Bernd Buchegger begann ein Informatikstudium. Die Mitglieder von Cosmos Designs blieben in losem Kontakt, die Diskettenbox mit den Outrage-Daten sammelte allerdings fortan nur noch Staub statt Code. Die Jahre vergingen, bis um die Jahrtausendwende das Heimcomputer-Revival einsetzte. 2002 waren die Arbeiten an der Cosmos-Designs-Webseite abgeschlossen, auf der auch Outrage vertreten sein sollte. Also wurde damit begonnen, die Originaldisketten in .d64-Images umzuwandeln. Das war der erste Schritt zur Veröffentlichung des Spiels seit der Absage von boeder.

2003 kontaktierte Protovision Bernd und bot an, sich der Sache anzunehmen. 2005 wurde ein Vertrag abgeschlossen. Einige Fehler, die beim Testen auftauchten, wurden korrigiert. Es stellte sich aber bald heraus, dass eine gründliche Überarbeitung viel mehr Zeit benötigen würde, als dem Team zur Verfügung stand. So vergingen weitere fünf Jahre, in denen das Spiel seiner Veröffentlichung keinen Schritt näher kam.

2010 wurde dann durch David Simmons (Jazzcat) eine Vereinbarung über eine Veröffentlichung via Psytronik vermittelt. Doch weitere acht Jahre vergingen, in denen lediglich ein tolles Bild für den Loader entstand, der so auch in der endgültigen Version erhalten geblieben ist. 2018 wurden schließlich weitere Coder eingebunden, darunter Sidney Arbouw, der sich schnell einarbeitete und dem Spiel den letzten Schliff geben konnte. Protovision und Psytronik sorgten schließlich für eine angemessene Veröffentlichung in der gewohnten Qualität.

Wie spielt sich Outrage?

Hat sich dieser Aufwand gelohnt, ist Outrage überhaupt noch interessant genug für verwöhnte Retrospieler? Schließlich wurden C64-Fans in den letzten Jahren mit vielen guten Veröffentlichungen für ihre Treue zur Plattform belohnt. Die Antwort vorweg: Ja, Outrage ist ein tolles Spiel, allerdings nicht für jeden. Denn durch den hohen Schwierigkeitsgrad, der bereits dem Autor der Vorstellung der Wettbewerbssieger im 64'er-Magazin Ende 1993 aufgefallen war, richtet es sich vor allem an geübte Action-Spieler mit schnellen Reflexen.

Outrage erinnert, wie bereits kurz erwähnt, an das C64-Spiel Hawkeye von Thalamus, das 1988 erschien und nicht nur dank imposanter Grafik und Musik mit Lob überhäuft wurde. Outrage ist noch eine Spur schöner. Das Spiel kann mit sehr guten Animationen, meisterhaft gepixelten Hintergrundgrafiken und einem stimmungsvollen Soundtrack aufwarten. Die Titelmusik stammt von Karl Sommer von Cosmos Designs. Nun gibt es abweichend vom ursprünglichen Spiel zusätzlich in jedem Level

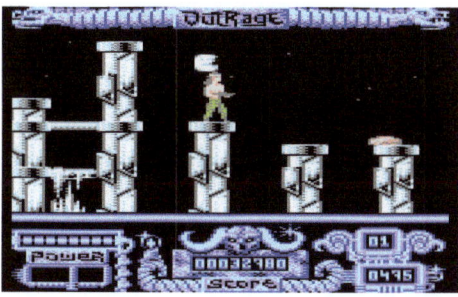

eine eigene In-Game-Musik von Roy Widding (Rotteroy). Die ursprüngliche In-Game-Musik von Karl Sommer ist aber weiterhin vorhanden und dient nun der musikalischen Untermalung des Handbuchs, das nicht nur in gedruckter Form vorliegt, sondern auch am Bildschirm studiert werden kann.

Das Spiel besteht aus fünf großen Levels mit imposanten Endbossen, von denen für den Anfänger schon der erste schwer zu knacken ist. Das Spielgeschehen ist schnell, aber man wird nicht durch die Levels getrieben, sondern kann beim Durchlaufen der Welten (immer von links nach rechts) auch verweilen, um den besten Weg durch zahlreiche Hindernisse und Gegner zu finden und sich den Weg freizuschießen. Dazu kommt ein taktisches Element: Um Munition für die stärkeren Waffen zu erhalten, den Energiebalken aufzufüllen und andere Extras zu kaufen, müssen möglichst viele Münzen eingesammelt werden, die beim Abschießen

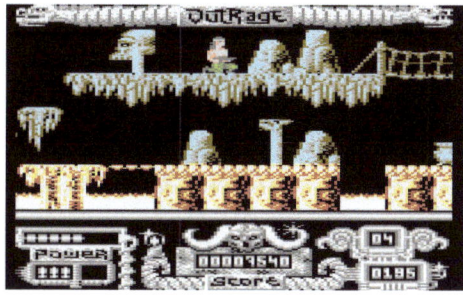

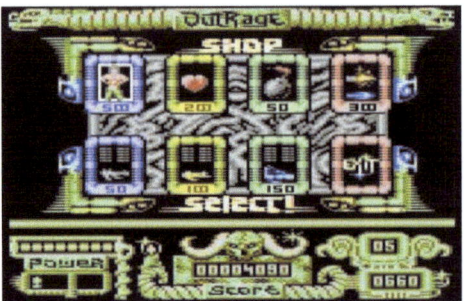

von Gegnern und auch anderen Hindernissen auftauchen (und schnell wieder verschwinden). Läuft man zurück nach links, tauchen Gegner erneut auf und man kann mehr Geld einsammeln. Allerdings geht man dabei nicht nur das Risiko ein, durch „Feindberührung" Energie oder gar ein Leben zu verlieren, sondern läuft auch Gefahr, ohne Spritekollision zu viel Energie abzubauen, da sich der Energiepegel mit der Zeit automatisch verringert. Das erschwert die Aufgabe gewaltig, da es dadurch nicht möglich ist, an einfacheren Stellen beliebig viele Münzen zu sammeln.

Leben stehen bei Spielbeginn übrigens fünf zur Verfügung. Das gibt schon einen Hinweis darauf, dass es sich bei Outrage um ein Spiel mit hohem Schwierigkeitsgrad handelt. Dabei gibt es – wie erwähnt – einen Energiebalken, es endet also nicht jeder Fehler mit dem Verlust eines Lebens. Es gibt aber auch Möglichkeiten, ungeachtet des Energiepegels sofort zu sterben – etwa, wenn man beim Springen in einen Abgrund stürzt.

Gameplay mit taktischen Elementen

Anders als bei vergleichbaren Spielen müssen stärkere Extrawaffen nicht eingesammelt werden, sondern stehen von Anfang an zur Verfügung. Es gibt vier verschiedene Baller-Waffen, die immer verfügbar sind und über die F-Tasten gewählt werden können. Doch nur für die kleinste, schwächste Waffe steht unbegrenzt Munition zur Verfügung, für die anderen können Münzen gegen Magazine getauscht werden. Mit stärkeren Waffen müssen bei Gegnern weniger Treffer gelandet werden, ein Schuss aus der Standardwaffe reicht bei diesem Spiel nie aus. Dafür kostet die Munition mit zunehmender Stärke der Waffe mehr Geld und die Schüsse sind schnell verbraucht. Wer sie gegen schwache Gegner einsetzt, wird bei den riesigen und eindrucksvollen Levelbossen vermutlich die Extra-Feuerkraft vermissen. Und wer gierig jede Münze einsammeln will, wird bestraft, denn bei Outrage muss man ständig jedes Detail im Auge behalten, und ständig tauchen neue Gegner auf.

Zu Beginn ist eine (per Leertaste aktivierbare) Smartbomb im Gepäck, später können in den hin und wieder auftauchenden Shops weitere gekauft werden. Unser Held kann bis zu drei Stück mit sich führen. Solange die Lage nicht völlig aussichtslos ist, empfiehlt es sich, die Smartbomben für den Levelboss aufzubewahren, denn für Gegner, die man auf diese Weise ins Jenseits befördert, gibt es keine Münzen. In den Shops kann auch die Gesundheit aufgefüllt werden und es gibt ein Waffen-Upgrade namens RapidFire zu erwerben, das die Schussfrequenz verdoppelt und die Aufgabe dadurch deutlich vereinfacht. Allerdings muss diese nützliche Erweiterung in jedem Level neu erworben werden. Wer sonst schon alles hat, kann – bei gut gefüllter Geldbörse –

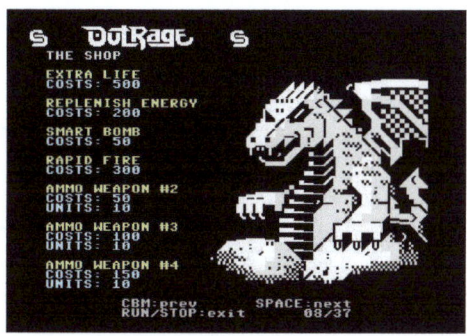

auch Extraleben kaufen.

Die Hindernisse in den grafisch hervorragend in Szene gesetzten Levels sind zahlreich und bunt gemischt: Rohre, aus denen Flammen austreten sind ebenso tödlich wie Steine, die von der Decke fallen. Feuerbälle, Drachenköpfe, Steinkugeln und Fantasiewesen kommen in unterschiedlichen Bewegungsmustern auf den Helden zu, der äußerlich an einen gewissen John Rambo erinnert, und lassen den Energiebalken schnell ein Stück schrumpfen. Die fünf Levels haben nicht nur verschiedene Gegner, sondern auch alle ihre Besonderheiten, die verhindern, dass der Ablauf monoton wird.

Für Anfänger ist selbst die Fortbewegung ohne Gegner kein Zuckerschlecken. Überall lauern Fallen, schwierige Sprünge und Formationen von Gegnern, die nur bei fehlerfreier Joystickakrobatik rechtzeitig aus dem Weg geräumt werden können. Schon für Level 1 habe ich viele Anläufe gebraucht, in Level 2 war es vor allem der Endboss, der mir alles abverlangt hat. In Level 3 war für mich Schluss, doch mit Geduld und Übung lässt sich das Spiel schlagen. Dass dies ohne Cheats zu schaffen ist, beweist ein Spieler in einem Video auf YouTube.

Outrage kaufen

Das Modul mit attraktiver Verpackung und Handbuch gibt es bei Protovision (40 Euro), natürlich kann auch eine rein digitale Versi-on (4,99 Euro) erworben werden. Gegen Aufpreis kann auch eine Diskette bezogen werden, ebenso ein DIN-A3-Poster und eine Audio-CD mit dem Soundtrack. Die Disketten- und Modul-Images zum Spielen per Emulator sind in jedem Fall inkludiert, sind bei Protovision aber auch als „Standalone"-Artikel zu haben. Psytronik vertreibt die reine Disketten-Version mit unterschiedlichem Artwork, die ab ca. 9 Euro zu haben ist.

Es ist kein Zufall, dass Outrage in allen C64-Jahresbestenlisten vertreten war und bei sämtlichen C64-Game-of-the-Year-2020-Abstimmungen auf den vorderen Plätzen landete. Wer eine Herausforderung sucht und actionlastige Spiele mag, in denen nicht nur blind herumgeballert wird, sollte sich Outrage nicht entgehen lassen. ∎

Links

Outrage bei Protovision kaufen (digital oder Modul, optional mit zusätzlicher Disk):
https://www.protovision.games/

Outrage bei Psytronik kaufen (Disk):
http://www.psytronik.net/

Die offizielle Seite von Outrage:
https://www.outragegame.com/

Webseite von Cosmos Designs:
https://www.cosmos-c64.com/

Interview mit Outrage-Programmierer Bernd Buchegger

„Wie eine Zeitmaschine"

Bernd Buchegger aka Panther, geboren 1973, stammt aus der Weststeiermark. Als Schüler in Graz wurde er Mitglied der Gruppe Cosmos Designs, wo er als Grafiker und Programmierer aktiv war. Er arbeitete an zahlreichen Demos mit und war auch am Spiel Lions of the Universe beteiligt. Heute lebt er als Geschäftsführer des IT-Unternehmens trinitec in Klagenfurt.

Lotek64: 30 Jahre Entwicklungszeit, das ist auch für ein C64-Spiel ein rekordverdächtiger Wert. War es das wirklich wert?

BB: Absolut. Ich bin begeistert von den vielen positiven Reaktionen auf Outrage. Die Reviews sind eine Bestätigung, dass wir das alles richtig gemacht haben. Die viele Arbeit hat sich am Ende also gelohnt. Ich hatte keine monetären Motive, mir war wichtig, dass das Spiel publiziert wird.

Lotek64: 1993 war das Spiel bereits freigegeben, doch der Verleger wollte nichts mehr von 8-Bit-Spielen wissen. Du hast danach immer wieder versucht, eine Möglichkeit zu finden, das Programm doch noch zu veröffentlichen, was jahrelang lediglich zu weiteren Leerläufen geführt hat. Die erste Frage, die sich viele stellen: Warum hast du das Programm nicht einfach so, wie es war, selbst veröffentlicht?

BB: Ja, weil wir dann keine 30 Jahre geschafft hätten! Nein, im Ernst, ich hatte damals mit viel Einsatz rechtzeitig ein erstes Release für den Wettbewerb im 64'er-Magazin fertig gemacht. Zu diesem Zeitpunkt waren alle Levels und alle wesentlichen Funktionen von Outrage fertiggestellt, es gab aber auch noch ein paar offene Baustellen. Doch dann kam diese fürchterliche Absage von boeder, die mich emotional stark zurückgeworfen hat. Von meiner Familie gab es kaum Unterstützung in der Sache, und ich war zu jung und unerfahren, um das alles selbst in die Hand zu nehmen. Da boeder den Vertrieb für den Commodore 64 eingestellt hatte, hatte ich wenig Hoffnung, dass es mir bei anderen Firmen besser ergehen würde. Ich habe zwar noch einen Anlauf beim CP-Verlag versucht, aber auch hier keine Reaktion mehr erhalten. Damit wanderte Outrage vorerst in die Disketten-Box.

Lotek64: Eine Frage, die sich natürlich aufdrängt: Was hat sich gegenüber der ursprünglichen Fassung geändert?

BB: Eine ganze Menge. In der ursprünglichen Version hat es nur einen einzigen Soundtrack für alle Levels und keine Soundeffekte gegeben. Dies wurde alles neu gemacht und jedes Level bekam einen eigenen Track mitsamt Sound-FX von Roy Widding. Sidney Arbouw, David Simmons und Zack Thompson bügelten zahlreiche Bugs aus, die sich eingeschlichen hatten. Dann kam das fantastische Artwork von Lobo Spitouf und Trevor Storey für das Game Manual und die Collector Edition Box dazu. Das Ingame Manual mit der ganzen Outrage-Hintergrundstory wurde inhaltlich von mir und Arnold Blüml ausgearbeitet und mit den PETSCII Grafiken von Cal Skuthorpe ergänzt. Ein Title-Pic von Steve Day (STE'86) sowie ein neuer Loader von Lasse Öörni wurden eingebaut. Es wurde also vieles rund um das Spiel massiv erweitert.

Das eigentliche Level Design, die Endbosse sowie das Monster Placement entsprechen weitgehend der ursprünglichen Version. Das haben wir vielfach diskutiert und getestet und am Ende wurde die Entscheidung getroffen, den Spielstil von 1990 zu erhalten. Die 90er orientierten sich am Hardcore und weniger am Casual Gamer.

Lotek64: Stichwort Casual Gamer: Outrage ist eine echte Herausforderung, die meisten werden schon zu Beginn viele Leben verlieren und nicht ohne Mühe Fortschritte erzielen. Warum ist der Einstieg so hart?

BB: Der Schwierigkeitsgrad von Outrage nimmt bewusst einen im Vergleich zu Casual-Spielen atypischen Verlauf. So beinhaltet Level 1 eine Menge fieser Stolpersteine, weil es gleichzeitig ein Trainingslevel ist. Sobald man hier das Springen zwischen den Plattformen gemeistert und das Verhalten der Monster und Endbosse erlernt hat, ist Outrage gut zu beherrschen. Level 1 ist folglich relativ hart, danach wird es abgemildert, um sich dann gegen Ende wieder zu steigern. Bereits bekannte Monstertypen verändern ihre Bewegungsmuster, damit es abwechslungsreich bleibt. Outrage treibt ständig an, erfordert gleichzeitig aber Zurückhaltung an den richtigen Stellen. Wer Spieletipps braucht, kann sich gerne an mich wenden!

Lotek64: In der Anleitung beschreibst du die Entstehungsgeschichte von Outrage. Du hast vorher

Demos gemacht, aber, wenn ich es richtig verstanden habe, noch kein vollständiges Spiel. Dabei ist Outrage technisch sehr anspruchsvoll und auch Gameplay und Leveldesign wirken ausgereifter, als man es von vielen aufwändigen kommerziellen Titeln aus der Glanzzeit des C64 kennt. Hat es dich nie gereizt, auf anderen Plattformen Spiele zu entwickeln, oder war die Enttäuschung damals zu demotivierend?*

BB: Das ist korrekt – Outrage war mein Erstlingswerk und es stecken eine Menge Herzblut, viel Hirnschmalz und endlose durchgearbeitete Wochenenden darin. Ich habe später damit begonnen, kleine Spiele für den PC zu entwickeln – das war noch in meiner Schulzeit. Diese wurden dann rasch der Renner im Informatik-Unterricht. Im Informatik-Studium wurde meine Aufmerksamkeit dann allerdings rasch auf andere Themen gelenkt und Game-Development

trat eher in den Hintergrund. Der Reiz, Spiele zu entwickeln, ist nie ganz verflogen – neben Familie und Firma bleibt aber leider kaum Platz dafür. Erleben zu dürfen, wie Outrage nach all den vielen Jahren tatsächlich Realität wurde, ist für mich ein persönliches Großereignis, das unglaublich viel Freude macht.

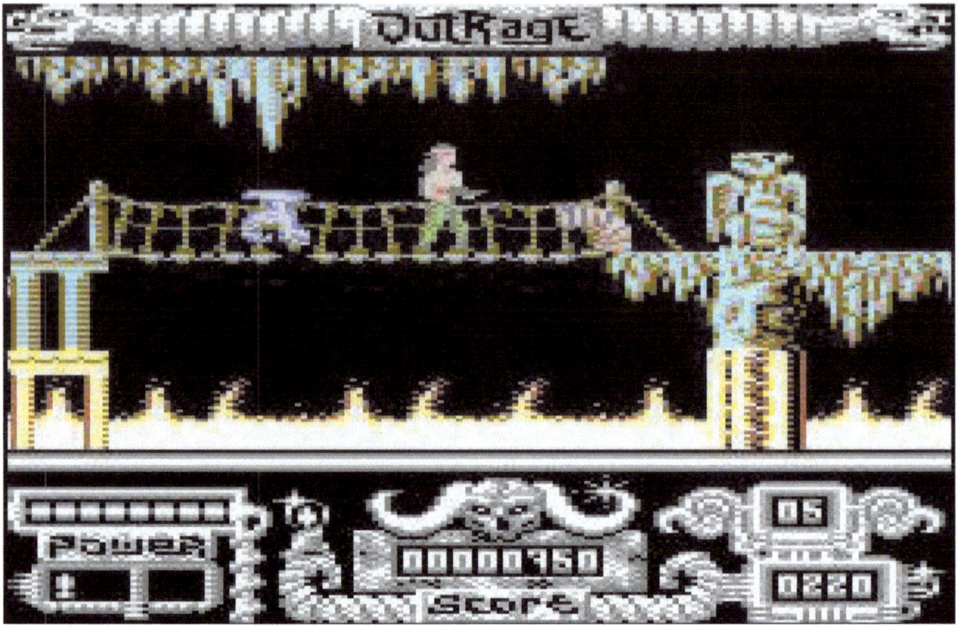

Lotek64: Hast du in den letzten Jahren andere neu erschienene C64-Spiele gespielt? Wenn ja, wie beurteilst du den kleinen, aber lebendigen Markt?

BB: Mangels Zeit habe ich selbst leider viel zu wenig aktiv spielen können. Aber ich habe viele Videos und Webseiten angeschaut und mich in den diversen C64-Facebook-Gruppen bewegt. Die Freude und Energie der Retro-Szene ist für mich persönlich wie eine Zeitmaschine, die mich jedes Mal in diese aufregende Zeit von damals zurückführt. Es ist einfach unfassbar, wie viel kreative Energie da noch immer in der Szene steckt und wie liebevoll alle mit der alten

Brotkiste umgehen. Die Szene wächst ständig weiter – das zeigen die letzten Zahlen aus der CSDb.

Lotek64: Welche technischen Leistungen auf dem C64 haben dich damals besonders fasziniert und inspiriert?

BB: Ich war fasziniert, als ich meinen ersten Grafik-Scroller gesehen habe und musste sofort den Code analysieren, um zu verstehen, wie das funktioniert. Denn eigentlich durfte das ja gar nicht möglich sein. Daraus wurde rasch mein erster eigener Fullscreen-Grafik-Scroller und später ein AFLI-Scroller. Genial, was man aus dem C64 mit ein bisschen Assembler-Code alles herausholen konnte! Im Grunde war es diese Reduktion, deren Grenzen man unbedingt ausreizen und verschieben wollte. Ich denke, das macht für viele heute noch den Charme des C64 aus. Auch die ersten Vektor-Animationen waren für mich erstaunliche Ar-

beiten, die zwar aufwendig, aber sehr clever gelöst waren.

Lotek64: Springen wir zurück an den Anfang: Wann hast du deinen C64 bekommen und wie hast du das Programmieren erlernt? Gab es in Graz, wo du damals gelebt hast, eine größere Szene, konnte man sich mit anderen austauschen? Und gab es in deinem Umfeld noch andere Gruppen, die Demos oder Spiele machten?

BB: Mein Einstieg war ein ZX81, dann ein VC20 und später zur Firmung endlich ein Commodore 128, der dann bald nur mehr im 64er-Modus gelaufen ist. Nach anfänglichen Basic-Experimenten bin ich dann in die Assembler-Programmierung eingestiegen. Was für ein Performance-Unterschied – ab da gab es keinen Weg mehr zurück.

Gelernt habe ich das Programmieren in erster Linie autodidaktisch zusammen mit Freunden, die mit mir auf den Assembler-Zug aufgesprungen sind. Ich war zu dieser Zeit in Graz im Internat der HIB Liebenau. Dort waren wir den frisch angelernten Informatik-Lehrkräften längst voraus, wobei ich das Glück hatte, eine exzellente Informatik-Lehrerin zu haben. In Graz gab es damals bereits eine lebendige 64er-Szene. In einer Spielautomatenhalle konnte ich bei einem „R-Type"-Automaten meinen ersten Szenekontakt zur damals sehr umtriebigen Softkiller Crew (TSK) herstellen, deren Nickname ich beim Eintragen in der Highscore-Liste erkannte. Bald ging es zu einer lokalen Copy-Party und es wurde die erste Gruppe („Crystal") gegründet. Innerhalb der Szene vernetzte man sich sehr schnell und es folgten größere Szene-Treffs in Österreich und anderen Ländern.

Arnold und Hannes von Cosmos Designs kennenzulernen, war dabei ein echter Gamechanger. Denn die Qualität und Kreativität, mit der hier ständig neues Material produziert

wurde, war für mich als jungen Menschen höchst inspirierend und motivierend. Ohne diesen Hintergrund hätte ich vielleicht das Projekt Outrage nicht in Angriff genommen und ohne den späteren Support von Arnold vielleicht auch nie zu Ende gebracht. 2020 sind wir im Vorfeld zum Release von Outrage wieder alle drei zusammengekommen. Das war ein sehr bewegender Moment, der sich übrigens als Polaroid in der Outrage Collector Edition Box wiederfindet.

Lotek64: Heißt das, dass weitere Projekte denkbar sind?

BB: Ich selbst habe nichts in der Schublade. Neue Projekte würden wohl an der mangelnden Zeit zwischen Job und Familie scheitern. Aber es gibt andere Cosmos-Designs-Schubladen, in denen noch vor langer Zeit begonnene Projekte darauf warten, wiederentdeckt und fertiggestellt zu werden. Vielleicht gibt es da ja noch die eine oder andere Überraschung!

Lotek64: Danke für das Gespräch!

Das Interview führte Georg Fuchs.　　■

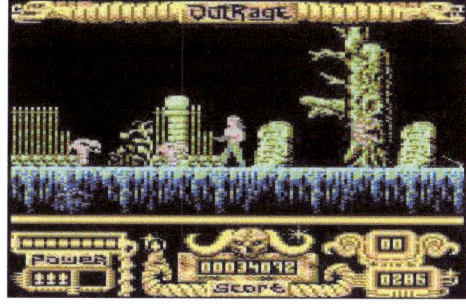

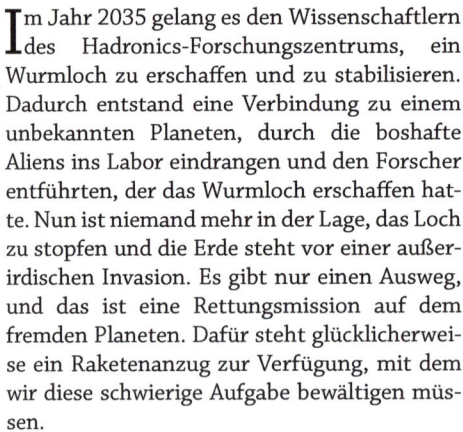

Übung macht den Meister

Bereits im März 2020 veröffent-
lichte Protovision Wormhole, ein
Jump'n'Shoot mit hohem Schwierig-
keitsgrad. Gegen Frust wurde dem Spiel
ein ungewöhnliches Feature spendiert.

von Georg Fuchs

Im Jahr 2035 gelang es den Wissenschaftlern des Hadronics-Forschungszentrums, ein Wurmloch zu erschaffen und zu stabilisieren. Dadurch entstand eine Verbindung zu einem unbekannten Planeten, durch die boshafte Aliens ins Labor eindrangen und den Forscher entführten, der das Wurmloch erschaffen hatte. Nun ist niemand mehr in der Lage, das Loch zu stopfen und die Erde steht vor einer außerirdischen Invasion. Es gibt nur einen Ausweg, und das ist eine Rettungsmission auf dem fremden Planeten. Dafür steht glücklicherweise ein Raketenanzug zur Verfügung, mit dem wir diese schwierige Aufgabe bewältigen müssen.

Wormhole ist ein seitlich scrollendes Jump'n'Shoot von Thorsten & Thomas Rosenbaum, bei dem die Plattform-Elemente überwiegen, auch wenn viel und präzise von den drei Waffensystemen (Pistole, Laser und Raketenwerfer) Gebrauch gemacht werden muss. Zusätzlich können Bomben platziert werden, die via Fernbedienung oder mittels ihres eingebauten Zeitzünders detonieren.

Fünfzehn Levels mit wachsendem Schwierigkeitsgrad müssen bewältigt werden, um den Professor zurückzuholen und die Erde zu retten. Die Reise führt vom Labor durch das namensgebende Wurmloch und danach wieder zurück – vorausgesetzt, man verfügt als Spieler über viel Geduld, Übung, Präzision und auch ein paar Superkräfte. Denn Wormhole ist schwieriger als schwierig, es ist ein Spiel für Hardcorespieler, die keine Herausforderung scheuen.

Nur mit Übung zu meistern

Obwohl die Levels nicht lang sind und man bei Verlust eines Lebens nicht von vorne beginnen muss, werden mit fortschreitendem Spielverlauf viele Anläufe gebraucht, um zum

Ziel zu kommen. Denn bei Verlust eines Lebens geht auch der Raketentreibstoff verloren und man muss auf höhere, längere Sprünge verzichten, bis neuer Treibstoff aufgesammelt wurde. Schon der zielgerichtete Einsatz des Treibstoffs ist eine Kunst, da er beim Gehen und Springen automatisch aktiviert wird. Viele Passagen sind allerdings auch ohne Raketentreibstoff zu bewältigen.

Verschnaufpausen sind keine Option in Wormhole. Der Sauerstoffvorrat geht unaufhaltsam und gnadenlos zu Ende, wenn man nicht schnell das Ziel erreicht. Die Levels müssen also nicht nur präzise, sondern auch schnell und effizient durchgespielt werden. Wer zielsicher den Ausgang erreicht und noch Sauerstoff hat, kann beim nächsten Versuch noch den Score optimieren.

Die Gegner sind unterschiedlich schnell und gefährlich. Manche benötigen mehr Treffer als andere, manche bewegen sich direkt auf unser Sprite zu, andere folgen zu Land und zu Wasser unterschiedlichen Bewegungsmustern.

Wie schon erwähnt, wird man nach Verlust eines Lebens, etwa durch Sturz ins Wasser oder durch Feindberührung, kurz vor der „Unfallstelle" neu platziert und kann weitermachen – Raketentreibstoff und Waffen-Upgrades gehen aber verloren. Am Ende eines Levels wird nicht verbrauchter Sauerstoff in Bargeld gewechselt.

Die ersten Stufen wirken noch relativ harmlos. Doch nach und nach werden neue Ele-

mente eingeführt, etwa sich bei Berührung auflösende Plattformen. Das beschleunigt den Spielfluss weiter, da man sich sofort weiterbewegen muss, um nicht in den Abgrund zu fallen.

Innere Werte

Wormhole setzt auf ruckelfreie und schnörkellose Nonstop-Action. Grafisch ist das Spiel ansehnlich umgesetzt, aber kein optisches Feuerwerk. Das ist auch nicht nötig, denn die Sprites und Hintergründe erfüllen ihren Zweck, einen visuellen Rahmen für ein fast schon masochistisches Geschicklichkeitsspiel zu bieten. Musik und Soundeffekte sind sehr gut gelungen und verleihen Wormhole jenen futuristischen Touch, der bereits durch die Handlung vorgegeben wird.

Darüber hinaus wird auch ein Zwei-Spieler-Modus geboten. Darin wechseln sich beide Teilnehmer ab, nachdem ein Level beendet wurde. Dafür kann auch mit nur einem Joystick gespielt werden, falls kein zweiter zur Verfügung steht.

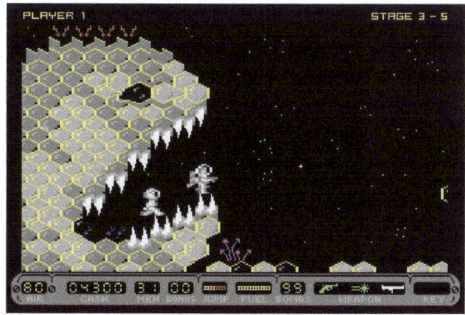

Ein ungewöhnliches Feature

Wormhole richtet sich vor allem an Hardcore-Spieler, die nach einer echten Herausforderung suchen. Wer The Great Giana Sisters blind durchspielen kann, sollte sich deshalb noch keine Hoffnungen machen, hier weit zu kommen. Ganz ehrlich: Ohne Cheats würde ich aufgrund des Schwierigkeitsgrades nicht einmal ein Drittel von Wormhole zu Gesicht bekommen. Umso feiner, dass man sich nicht auf die Suche nach POKEs machen muss, um in den Genuss eines Trainers zu kommen. Denn Wormhole hat ein umfangreiches Trainermenü bereits an Bord. Es kann über das Hauptmenü angesteuert werden und bietet nicht nur unendlich viele Leben, sondern auch Features wie unbegrenzten Sauerstoff, unbegrenzte Munition, harmlose Gegner und einen Level-Skip. Damit können schwierige Stellen nach Belieben und ohne Frust geübt werden, um sich dann mit aktiviertem Hiscore-Saver der Aufgabe zu stellen.

Der mitgelieferte Trainer ist eine sehr gute und nachahmenswerte Idee, die zwar bereits in unendlich vielen Cracks umgesetzt wurde, aber nur selten zur Grundausstattung eines Spiels gehört. Wer geduldig übt, wird die Levels vielleicht auch ohne Trainer meistern, aber darauf würde ich nicht wetten. Dennoch: Es gibt keine unfairen oder nur mit Glück zu meisternden Stellen, nur gnadenlos schwierige Sprünge und enge Zeitlimits.

Wer seinen C64 und Herausforderungen liebt, wird viel Freude mit Wormhole haben – oder sich daran die Zähne ausbeißen. ∎

■ Nichts für schwache Nerven: Wormhole

Wormhole kaufen

Digitaler Download bei Protovision (4,99 Euro):
https://www.protovision.games

Boxed Edition mit Modul, Handbuch und Kompass (40 Euro, Diskette: 30 Euro): https://www.protovision. games

Digitale Version bei itch.io (4,99 US-D): https://protovision.itch.io/ wormhole

Podcast: Blind Date Gamer

Die Blind Date Gamer **Boris Kretzinger** und **André Eymann** verabreden sich regelmäßig in ihrem Podcast, um über ein Videospiel zu sprechen, dass sie beide zuvor zum ersten Mal gespielt haben. Was ein Blind Date ist, weiß jeder. Was das aber mit Gaming zu tun hat, erfahrt ihr nur hier. Dabei kommen, neben den harten Fakten, alle Aspekte der Spielerfahrung zur Sprache, die einen Videospieler bewegen. Hört rein und lauscht mit! Vielleicht lernt ihr etwas Neues kennen oder könnt eure Erfahrungen mit uns teilen.

https://blind-date-gamer.letscast.fm/about

November 2020

05.11.2020

Das Unternehmen Arcade1Up bietet einen Automaten mit alten **Outrun**-Spielen an:
https://www.cnet.com/roadshow/news/
arcade1up-wants-you-to-relive-all-your-gen-x-
outrun-arcade-dreams/

08.11.2020

Virtual C64 als **VirtualC64Web** im Browser:
https://vc64web.github.io/
https://www.forum64.de/index.
php?thread/107955-virtual-c64-nun-im-web-
und-mit-csdb-browser/

Joyride, ein neues Monitoring-Tool für Eingabegeräte für den C64:
https://csdb.dk/release/?id=196866 https://
github.com/T-Pau/Joyride https://www.
forum64.de/index.php?thread/107457-
joyride-neues-monitoring-tool-f%C3%BCr-
eingabeger%C3%A4te/

Neptune Lander Elite, ein C64-Spiel (kostenlos bzw. Preis selbst wählbar):
https://c64mark.itch.io/neptune-lander-elite

uberswap, ein C64-Puzzlespiel:
https://github.com/EgonOlsen71/uberswap

12.11.2020

Showdown, ein neues Duell-Spiel mit Western-Thema für den C64:

https://badgerpunch.itch.io/showdown

Vor 40 Jahren endete das **erste große Videospielturnier**, bei sich 10.000 Teilnehmer an Space Invaders messen konnten.
https://www.heise.de/hintergrund/Vor-40-
Jahren-Das-erste-grosse-Videospiele-Turnier-
endet-4953660.html

13.11.2020

The Dark Heart of Uukrul, ein rundenbasiertes RPG aus dem Jahr 1989, ist für 5,99 Euro auf GOG verfügbar:
https://www.gog.com/game/the_dark_heart_
of_uukrul

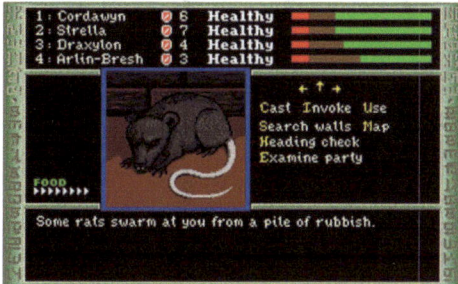

Die Firma Rebeat Innovation möchte die Herstellung von **Schallplatten** mittels Lasertechnologie revolutionieren und damit auch eine bessere Klangqualität erreichen:
https://www.heise.de/news/Technik-zur-
Herstellung-von-Schallplatten-Die-neue-
Laserdisc-4958713.html

24.11.2020
Sorcerers, ein neues Spiel für Amstrad CPC, kann kostenlos bzw. zu einem frei wählbaren Preis heruntergeladen werden:
https://playonretro.itch.io/sorcerers-amstrad-cpc-by-salvakantero

Dem Softwareentwickler Jozef Bogin ist es gelungen, einen **PC von Schallplatte zu booten**:
https://www.derstandard.at/story/2000121924823/bastler-bootet-computer-von-einer-schallplatte

Playstation 2: Die meistverkaufte Spielkonsole aller Zeiten wird 20 Jahre alt.
https://www.heise.de/news/Playstation-2-Die-meistverkaufte-Spielkonsole-aller-Zeiten-wird-20-Jahre-alt-4968427.html

Nach 52 Jahren entschuldigte sich IBM bei der Informatikerin **Lynn Conway**, die entlassen wurde, weil sie sich einer Geschlechtsumwandlung unterziehen wollte:
https://www.heise.de/hintergrund/Zahlen-bitte-Entschuldigung-nach-52-Jahren-IBM-und-Lynn-Conway-4969564.html

25.11.2020
Das Wiener Dorotheum versteigerte eine **Enigma I**, die 1993 in einer Scheune auf einem Privatgrundstück gefunden wurde. Der Startpreis betrug 30.000 Euro, erzielt wurden 75.300 Euro.
https://www.dorotheum.com/de/l/6982699/?utm_source=somefb&utm_campaign=some_fb_ORG_Nov_2020

DEZEMBER 2020
02.12.2020
Uri Geller beendet 20-jährigen Streit mit Nintendo um „**Kadabra**"-Pokémon:
https://www.derstandard.at/story/2000122144807/uri-geller-beendet-20-jaehrigen-streit-mit-nintendo-um-kadabra

Der **C64 Maxi** im Test:
https://www.golem.de/news/thec64-maxi-im-test-moderner-retro-computer-fuer-c64-nostalgiker-2012-152145.html

08.12.20202
Der Pilot **Chuck Yeager**, der als erster Mensch die Schallmauer durchbrach, ist im Alter von 97 Jahren gestorben.
https://www.heise.de/news/Erster-Mensch-hinter-der-Schallmauer-Chuck-Yeager-ist-gestorben-4983155.html

Turrican II (1991): Die letzte Schlacht (Video):
https://www.golem.de/news/turrican-ii-1991-die-letzte-schlacht-2012-152513.html

Der Technomusiker **Remute** veröffentlichte ein Album auf einer PC-Engine-Speicherkarte.

https://www.golem.de/news/retro-konsole-musiker-veroeffentlicht-album-auf-pc-engine-speicherkarte-2012-152594.html

---

15.12.2020

„Einführung ins Internet": Dieses Video zeigt, was das Netz 1996 zu bieten hatte:
https://www.derstandard.at/story/2000122469811/einfuehrung-ins-internet-video-zeigt-was-das-netz-1996-zu

---

Wester Digital: Ist das der beste **Floppy-Disk-Kopierschutz** aller Zeiten?
https://scarybeastsecurity.blogspot.com/2020/12/the-cleverest-floppy-disc-protection.html

---

Eric Engstrom, der „Vater des Windows-Gamings", ist 55 jährig verstorben.
https://www.derstandard.at/story/2000122471067/vater-des-windows-gamings-eric-engstrom-55-jaehrig-verstorben

---

Abschied vom DDR-Fernsehen: Die letzte „**Aktuelle Kamera**" lief vor 30 Jahren.
https://www.heise.de/news/Zum-Abschied-Elefanten-Letzte-Aktuelle-Kamera-vor-30-Jahren-4988243.html

---

Vor 90 Jahren fand die erste **elektronische Bildübertragung** Deutschlands statt.
https://www.heise.de/hintergrund/Vor-90-Jahren-Die-erste-elektronische-Bilduebertragung-Deutschlands-4988670.html

06.01.2021

Rund, flexibel oder einfach nur seltsam – **die schrägsten Geräte der Smartphone-Geschichte**:
https://www.derstandard.at/story/2000122853766/rund-flexibel-oder-einfach-nur-seltsam-die-schraegsten-geraete-der

---

Die **erste Suchmaschine** half vor 90 Jahren gegen Scheckbetrug:
https://www.heise.de/hintergrund/Zahlen-bitte-Die-erste-Suchmaschine-half-vor-90-Jahren-gegen-Scheckbetrug-5003729.html

---

Über die Architektur des **Game Boy Advance**:
https://www.copetti.org/writings/consoles/game boy advance/

30.01.2021

Das unbekannte spanische C64-Spiel **Risky Holding** wurde entdeckt und ins Englische übersetzt:
https://csdb.dk/release/?id=199408

10.02.2021

Eniac, der erste Röhrencomputer, wird 75:
https://www.golem.de/news/eniac-der-erste-roehrencomputer-wird-75-2102-154062.html

---

Das verschollene Spiel **Ted Bear's Rainy Day Games**, von dem angenommen wurde, dass es

nie für den C64 erschienen wäre, wurde gefunden.
https://csdb.dk/release/?id=199870

Ein **Apple I** mit Holzgehäuse wird für 1,5 Millionen Dollar auf eBay angeboten:
https://www.derstandard.at/
story/2000123951937/apple-i-mit-
holzgehaeuse-fuer-1-5-millionen-dollar-auf

19.02.2021
Mit **Invest and Win** wurde ein weiteres unbekanntes, spanisches C64-Spiel aus dem Jahr 1986 veröffentlicht.
https://csdb.dk/release/?id=200258

22.02.2021
Portable **BMC 64 Emulator Mk II**:
https://www.artstation.com/blockmind/blog/
dYyZ/portable-bmc-64-emulator-mk-ii

23.02.2021
The Nintendo Story, eine Dokumentation, wurde von Sean Astin produziert:
https://www.derstandard.at/
story/2000124383046/the-nintendo-story-
neue-dokumentation-produziert-von-sean-
astin

Eine **Apple-Reklame** aus dem Jahr 1978 sollte zum Rufpreis 12.000 Dollar versteigert werden, fand aber keine Interessenten.
https://www.derstandard.at/
story/2000124400087/apple-reklame-soll-fuer-
mindestens-12-000-dollar-versteigert-werden

RetroArch Open Hardware project:
https://www.libretro.com/index.php/
introducing-the-retroarch-open-hardware-
project/

24.02.2021
Nicht nur beim Schach hat die Künstliche Intelligenz den Menschen überflügelt, auch bei „Montezuma's Revenge" stellte eine KI einen neuen Weltrekord auf:
https://science.orf.at/stories/3204952/

Das Spiel **F1** (C64) der französischen Firma Loriciel aus dem Jahr 1984 wurde gefunden.
https://csdb.dk/release/?id=200480

MÄRZ 2021

03.03.2021
Wie der Lochkartenrechner **IBM 1401** aus dem Jahr 1959 ein Programm lädt:
https://www.righto.com/2021/02/an-ibm-
1401-mainframe-computer-at.html

04.03.2021
Ein unbekanntes C64-Spiel **KRPTAR** (1985) von Marock Inc. ist aufgetaucht, auf das bisher jeder Hinweis fehlte.

https://csdb.dk/release/?id=200775

Pubjumper Mario, ein inoffizielles C64-Spiel aus dem Jahr 1983, das nur in einem Geschäft verkauft wurde, ist wieder aufgetaucht.
http://www.indieretronews.com/2021/03/pubjumper-mario-unofficial-c64-mario.html

10.03.2021

Lou Ottens, (einer) der Erfinder der Kompaktkassette, ist im Alter von 94 Jahren verstorben.
https://www.golem.de/news/lou-ottens-gestorben-klack-die-kassette-ist-zu-ende-2103-154833.html

Amiga, Atari, Mac: **LLVM** bekommt Support für Motorola 68000.
https://www.golem.de/news/amiga-atari-mac-llvm-bekommt-support-fuer-motorola-68000-2103-154770.html

Macintosh Application Environment:
https://archive.is/20140124200012/
http://www.aux-penelope.com/mae/index.htm#selection-53.0-53.33

11.03.2021

Die Pitfall-Erfinder gründen ein Studio für Retro Games, um **neue Spiele für den Atari 2600** zu veröffentlichen.
https://www.heise.de/news/Neue-Spiele-fuer-Atari-2600-Pitfall-Erfinder-gruenden-Studio-fuer-Retro-Games-5077607.html

Gleb J. Albert im Gespräch über die Cracker-Szene der 80er-Jahre in Ost und West:
https://www.spiegel.de/geschichte/computerspiel-raubkopien-fuer-c64-oder-amiga-die-cracker-szene-der-80er-a-0cfdedb2-40e9-436c-9c9b-8c16e35820af

Von der Emulationssoftware **Amiga Forever** und **C64 Forever** wurde jeweils Version 9 veröffentlicht:
https://www.heise.de/news/Amiga-Forever-und-C64-Forever-Emulationssoftware-erscheint-in-neuer-Version-5077675.html

Der Retro-Prügler **Teenage Mutant Ninja Turtles** wird für PC und Konsolen angekündigt:
https://www.derstandard.at/story/2000124950753/teenage-mutant-ninja-turtles-retro-pruegler-kommt-fuer-pc-und

13.03.2021

SidTool 2 wurde nach 15 Jahren veröffentlicht:
https://sidtool.de/
https://www.lemon64.com/forum/viewtopic.php?t=77188

Das **ATX64-Board** kann für 27,50 Euro plus Versandkosten bestellt werden:
https://www.uni64.com/en/p/atx64

Spinning Jenny V1.1, ein Drum-Computer für den C64:
https://csdb.dk/release/?id=201125

Green Felt Classics (Solitaire, Yahtzee and Blackjack) für den C64:
https://romwer.itch.io/green-felt-classics

JC64dis, ein C64-Disassembler für Windows, macOS und Linux:
https://iceteam.itch.io/jc64dis

Spider Fighter, ein Atari-2600-Remake für den C64:
https://csdb.dk/release/?id=200538

23.03.2021

Bei GOG sind weitere Spieleklassiker aus den 80er und 90er Jahren erhältlich. Darunter **Microprose Soccer** und **PSI 5 Trade Company**, beide gab es auch für den C64.
https://www.gog.com/news/b9_spieleklassiker_nostalgie_garantiertb

Mai 2021

05.05.2021

Vor 40 Jahren erschien mit **Pelé's Soccer** das erste Videospiel mit einem Promi auf dem Cover:
https://www.heise.de/news/Vor-40-Jahren-Pele-s-Soccer-das-erste-Videospiel-mit-Promi-auf-dem-Cover-6036740.html

---

12.05.2021

Vor 80 Jahren führten Konrad Zuse und Helmu Schreyer den **Z3** vor:

Nachruf: Peter Urban

Unser langjähriger Begleiter Peter Urban hat uns Ende des Jahres 2020 unerwartet verlassen. Peter wurde am 21. Dezember 2020 im Beisein seiner Familie beigesetzt. Fast seit Beginn der Commodore-Meetings in Wien hat er unsere Szene begleitet, viele kennen ihn als beherzten Fotografen. Fast zwei Jahrzehnte Commodore-Meeting und viele Jahre Commodore-Stammtisch wurden von ihm auf Zelluloid und Speicherkarte festgehalten.
Wir werden Dich vermissen, Peter!

https://c-meeting.at/peter-urban-ein-nachruf/

https://www.heise.de/news/Vor-80-Jahren-Konrad-Zuses-Computer-Z3-laeuft-6044691.html
https://www.golem.de/1109/86322.html

JUNI 2021

01.06.2021

Wir der Commodore Amiga in den 90er-Jahren das **Kabelfernsehen** steuerte:
https://www.atlasobscura.com/articles/how-the-commodore-amiga-powered-your-cable-system-in-the-90s

---

06.06.2021

Ninja Carnage, ein umfangreiches Adventure für den C64, kann kostenlos heruntergeladen werden. Das Spiel gibt es in sieben verschiedenen Sprachen.
https://games.resistance.no/ninja-carnage-commodore-64/

Der **MOS6509R7** unter der Lupe:
https://www.forum64.de/index.php?thread/115356-mos6509r7-dissected/

12.06.2021

Applefest 1981: Rückblick auf die erste Apple-Messe vor 40 Jahren
https://www.heise.de/hintergrund/Applefest-1981-Rueckblick-auf-die-erste-Apple-Messe-vor-40-Jahren-6066477.html

TinySVG, Vectorgrafik für den C64:
https://www.lemon64.com/forum/viewtopic.php?t=77834

Wer sich für die **Geschichte der Soundchips** interessiert, findet entsprechende Informationen in einem neuen Buch von C64Audio: The Little Book of Sound Chips, Volume 1: 1977-1981.

Das mit 326 Seiten grafisch großzügig gestaltete Werk kann bei Fusion Books auch als gedrucktes Buch erworben werden, sollte das Ziel von 6.000 GBP bis 31. Juli 2021 erreicht werden:
https://c64audio.com/products/the-little-book-of-sound-chips-volume-1

Versionscheck (Stand: 01.07.2021)				
Name	**Version**	**Emuliert**	**Website**	**Aktualisiert**
Boxer	1.4.0	MS-DOS	http://boxerapp.com/	16.02.2016
CCS64	V3.9.2	C64	http://www.ccs64.com/	08.09.2015
Denise	1.1.1	C64	https://sourceforge.net/projects/deniseemu/	12.05.2021
DOSBox	0.74-3	MS-DOS	http://www.dosbox.com/	26.06.2019
dosbox-staging	0.76.0	MS-DOS	https://dosbox-staging.github.io/	03.12.2020
Emu64	5.0.18	C64	https://github.com/ThKattanek/emu64/releases	01.03.2020
Frodo	4.1b	C64	http://frodo.cebix.net/	30.06.2007
FS-UAE	3.0.5	Amiga	https://fs-uae.net/	09.03.2020
Hoxs64	v1.1.0.5	C64	http://www.hoxs64.net/	30.08.2020
MAME/MESS	0.233	Automaten und Heimcomputer	http://mamedev.org/	30.08.2020
ScummVM	2.2.0	Div. Adventures	http://www.scummvm.org	27.09.2020
VICE	3.5	C64, C128, Plus/4, PET, C64DTV	http://vice-emu.sourceforge.net/	24.12.2020
WinFellow	0.5.8	Amiga	https://github.com/petschau/WinFellow/releases	28.06.2019
WinUAE	4.4.0	Amiga	http://www.winuae.net/	01.07.2020
Yape	1.2.0	Plus/4	http://yape.homeserver.hu/	02.05.2021
Yape/SDL	0.70.2	Plus/4	https://github.com/calmopyrin/yapesdl	18.01.2018
Z64K	2.0	C64, C128, VIC20, Atari2600	http://www.z64k.com/	09.05.2021

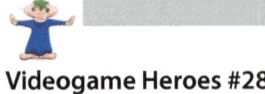
Das Vermächtnis der Lemminge

von Marleen

Na, wer erinnert sich noch an die aus wenigen Pixeln bestehenden Lemminge, die sich ziegelsteine-legend und fallschirmspringend auf den Weg nach Hause machen? Ganz ohne Verluste ging es in dem klassischen Puzzle-Spiel nicht, dank des explodierenden „Stopper"-Lemmings.

Das Spiel gilt als wichtiger Vorgänger des RTS-(Echtzeitstrategie)-Genres, in dem heutzutage die Steuerung durch „indirekte Kontrolle" ein beliebtes Konzept darstellt.

Damals...

Das Spiel wurde zunächst für Amiga entwickelt und später auf so gut wie allen anderen gängigen System zur Verfügung gestellt. Seit 1991 sind mehrere Fortsetzungen erschienen, inklusive einer Weihnachtsausgabe.

Genre: Puzzle (Single-Player)
Erschien: 14. Februar 1991
Plattform: Amiga
Developer: DMA Design
(heute: Rockstar North)

... und heute?

Heutzutage kann man Lemmings natürlich auch ganz einfach auf dem Smartphone spielen (iOS und Android). Der offizielle Port von Sony stieß allerdings auf Kritik, da die Levels teilweise durch Timegating-Mechanismen und Freemium-Mikro-transaktionen nur in kleinen Portionen spielbar sind.

Drum gibt es inzwischen mehrere Indie-Game-Alternativen, die durch die klassischen Mechanismen des Spiels begeistern. ∎

Internet: http://www.lotek64.com
Twitter: http://twitter.com/Lotek64
Facebook: http://www.facebook.com/pages/Lotek64/164684576877985

BORN TWO HUNDRED YEARS TOO LATE

#63 / HERBST 2022

#63, Herbst 2022   www.lotek64.com   info@lotek64.com   ISSN 2307-7085

DIE REDAKTION

ARNDT	GEORG	MARLEEN	MARTIN	STEFFEN	JENS
adettke@	redaktion@	marleen@	martinland@	steffen@	jens@
lotek64.com	lotek64.com	lotek64.com	lotek64.com	lotek64.com	lotek64.com

IMPRESSUM

Herausgeber, Medieninhaber:
Georg Fuchs
Waltendorfer Hauptstr. 98
A-8042 Graz/Österreich

E-Mail: info@lotek64.com
Web: Jens Bürger
Lektorat: Arndt Dettke
Hosting: vipweb.at Thomas Dorn

LARS
larssobiraj@
mailbox.org

KLEMENS
klemens@
atelier198.com

LIEBE LOTEKS!

Das ist die erste Ausgabe nach einer einjährigen Pause. Die lange Verzögerung ist der Tatsache geschuldet, dass Freizeit für viele von uns immer mehr zur Mangelware wird. Während es mit Lotek64 nicht so vorangeht, wie wir es uns wünschen, geht es dem Commodore 64 ausgezeichnet. Dafür sprechen die vielen qualitativ hochwertigen Veröffentlichungen, mit denen es immer wieder gelingt, auf der 40 Jahren alten Hardware Dinge zu zaubern, die bisher für kaum möglich gehalten wurden.

Wie gewohnt wollen wir Lotek64 auch wieder als Print-on-Demand-Sammelband zur Verfügung stellen. Damit warten wir bis zur nächsten Ausgabe. Für Lotek64 #64 wage ich keinen Erscheinungstermin zu nennen. Es wird fertig, wenn genug Texte vorliegen und Zeit für die Gestaltung ist.

Danke an alle Unterstützer, Spender, Leser, die uns Feedback geben – und nicht zuletzt an alle, die dem Commodore 64 und all den anderen alten Plattformen auf so eindrucksvolle Weise immer wieder neues Leben einhauchen - wie etwa mit Gold Quest VI (S. 21), von dem wir zwei Exemplare verlosen dürfen. Jetzt aber viel Spaß mit der 63. Ausgabe von Lotek64.

Georg
(für die Redaktion)

INHALT

„Wir wollten die Nummer eins sein"

Galahad stammt aus dem Südwesten Englands und knackt seit 30 Jahren den Kopierschutz von Amiga-Spielen.

von Lars Sobiraj

Die Karriere des britischen Amiga-Programmierers Galahad nahm in der Demoszene bei Dual Crew ihren Anfang. Doch er hatte es von Anfang an darauf abgesehen, den Kopierschutz von Games zu knacken. Im Laufe der Jahre wurde er zu einem der bekanntesten Cracker überhaupt. Kaum ein Computerfreak im Alter von Ü50 wird seinen Namen und den seiner späteren Gruppe, Fairlight, nicht kennen.

Automechaniker und Programmierer
Fairlight hat damals für viele Jahre die illegale Szene dominiert. Zunächst auf dem C64, später auf dem Amiga und auf diversen anderen Computer-Plattformen. Witzigerweise kehrte er kürzlich zur Gruppe Scoopex zurück, der er schon einmal „aus Spaß" beigetreten war.

Lotek64: Galahad, eigentlich musst du dich niemandem mehr vorstellen. Aber bitte tue es trotzdem einmal.

Galahad: Aloha! Manche kennen mich eher als Galahad, andere als Phill. Ich bin selbstständig tätig, repariere und zerlege Autos und schrau-

be an Geländewagen herum, um von dem Geld nach Afrika zu fahren. Mit meinem langjährigen Partner bin ich seit 16 Jahren zusammen. Ich sollte mir inzwischen wohl wirklich einen Ring anstecken.

Lotek64: 16 Jahre ist tatsächlich eine lange Zeit. Seit wann bist du in der Szene? Wie bist du eigentlich dazu gekommen?

Galahad: Ich bin wahrscheinlich 1991 in die Szene eingetreten, als ich als Cracker Mitglied der Gruppe Leeds Spreading Division (LSD) wurde. Aber meine Mitgliedschaft in der Modem-Szene beziehungsweise bei LSD war sinnfrei, weil diese Gruppe wirklich keine Chance hatte, an schnelle Original-Spiele zu gelangen. Deswegen waren Deadbeat (Ex-Dual Crew und ein ehemaliges LSD-Mitglied) und ich für etwa eine Woche bei Scoopex. Nein, ich führe euch nicht hinters Licht. Ich

habe unter dem Namen Harlequin für Scoopex einen +22-Trainer (mit 22 Optionen) für das Amiga-Spiel Wizkid gemacht. Leider war es dann offensichtlich, dass Scoopex auch nicht mehr dazu in der Lage war, schnell genug an Originale zu kommen. Also war ich, abgesehen davon, dass ich in einer viel besseren Gruppe als LSD war, wieder darauf angewiesen, Trainer zu machen. Und das ohne jede Hoffnung, das zu tun, was ich eigentlich machen wollte, was mich kein bisschen begeisterte.

Lotek64: Was hat dich damals an der Szene für Release Groups (Crackerszene) fasziniert?

Galahad: Der Underground-Charakter, die Anonymität. Und ja, dass jeder deinen Namen kennt, du aber trotzdem unsichtbar bist. Ich hatte schon beschlossen, als ich meinen ersten Amiga bekam, dass die Crackerszene das war, wo ich sein wollte. Aber ich wusste nicht, ob ich die Fähigkeiten hatte, um mithalten zu können, oder ob es zu viel Konkurrenz geben würde, um anzufangen. Da ich ziemlich früh herausfand, dass viele der besten Amiga-Cracker in den späten 80ern ihre Anfänge auf dem C64 hatten und Cracks machten, besaßen sie schon einen Wissensvorsprung.

Lotek64: Und wie motivierst du dich heute, immer noch gelegentlich etwas zu cracken?

Galahad: Ich weiß nicht. Es ist ja nicht so, als ob es nicht viele andere gäbe, die nicht das glei-

che tun könnten, was ich tue. Aber ich scheine für viele Leute die erste Anlaufstelle zu sein, wenn es darum geht, etwas Neues zu knacken oder etwas, das früher nicht richtig geknackt wurde.

Und wenn mich jemand fragt, finde ich es schwierig, nicht wenigstens einen Blick darauf zu werfen. Mir also anzuschauen, womit ich es im Detail zu tun habe. Schon habe ich Fortschritte gemacht, es geknackt. Und dann muss ich dafür nur noch ein Cracktro aussuchen und fertig.

Sicher, es ist ziemlich langweilig, wenn man mit einem Schutz konfrontiert wird, bei dem ein Amateur gute Chancen hat, ihn auf Anhieb richtig zu überwinden. Aber hin und wieder bekommt man etwas, das einem das Leben schwer macht. Und bevor man sich versieht, steckt man knietief in 68000 ASM (Assembler für den 68000er Prozessor des Amiga) und reißt es in Stücke!

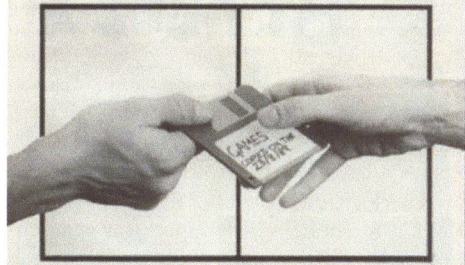

Neugier als Triebfeder

Lotek64: Und warum als Cracker von Kopierschutzvorrichtungen? Ich habe den Eindruck, du liebst die Herausforderung, oder?

Galahad: Ich war als Kind schon immer neugierig, wollte wissen, wie die Dinge funktionieren. Ich habe ferngesteuerte Autos in ihre Einzelteile zerlegt und sie dann wieder zusammengesetzt. Auch die Schaltung meines Fahrrads.

Ich wollte einfach wissen, wie die Dinge funktionieren.

Und auf dem Amiga war es ein Game mit dem Kopierschutz Rob Northen Copylock, der mich dazu brachte. Ich könnte gar nicht sagen, welches es war. Aber es war die Art und Weise, in der das Laufwerk dieses massive Geräusch machte. Gemeint ist das Geräusch des Laufwerks, das von Spur 60 auf Spur 0 herunter- und dann wieder auf Spur 60 zurückschaltet. Und obwohl ich kein Wissen über den Amiga hatte, stellte ich in diesem Moment fest: „Wenn das keine Kopierschutzprüfung ist, wäre ich sehr überrascht!". Und da beschloss ich, es herauszufinden.

Lotek64: Mit welchem Kopierschutz hast du damals angefangen?

Galahad: Zweifellos war es das Spiel Carrier Command und seine Dokumentenprüfung und sein zusätzlicher Schutz, wenn man nichts eingegeben hat. Das erste, was ich tat, war, ein Action Replay MK1 zu kaufen. Ich hatte nur eine Ahnung davon, was man damit machen könnte, zu diesem Zeitpunkt kannte ich noch nicht einmal 68000 ASM.

Aber ich hatte einen Artikel in einer Computerzeitschrift gelesen, in dem erklärt wurde, was ein Monitor-Programm ist, was Echtzeit-Assembler/Disassembler sind. Und ich fand heraus, dass dies ein großartiger Weg sein würde, um zu lernen. Denn selbst wenn ich mir nicht sicher war, was bestimmte Anweisungen auslösen würden, konnte ich die Ergebnisse in Registern überprüfen und damit lernen, was sie taten.

Unglücklicherweise für mich war das MK1 Action Replay in mancher Hinsicht ein Haufen Mist. Die Spieleprogrammierer konnten es ziemlich leicht erkennen und abschalten. Und außerdem musste man, wenn man Dateien speichern wollte, diese auf speziell formatier-

ten Disketten in einem eigenen AR-Format speichern. Beim Zurücksetzen des Amigas musste man dann ein Dienstprogramm benutzen, um die Dateien auf eine normale AmigaDOS-formatierte Diskette zu kopieren. Also dauerte es nicht lange, bis das Cartridge durch ein Action Replay MK2 ersetzt wurde, das tatsächlich auf AmigaDOS-Disketten speichern konnte. Das machte den Fortschritt viel leichter.

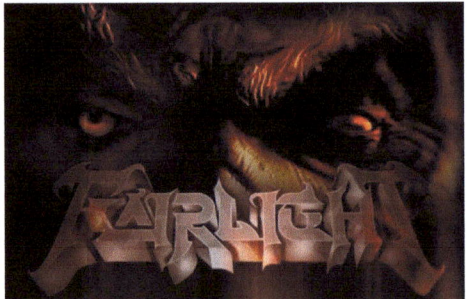

Lotek64: Wer hat dich begleitet, dir geholfen?

Galahad: Ich hatte kurzzeitig Hilfe von einem Kumpel. Er hat entscheidend dazu beigetragen, dass ich mich überhaupt mit dem Amiga beschäftigt habe. Aber es war offensichtlich, dass, während er gut darin war, Dinge herauszufinden, ich ihm ein paar Stufen voraus war. Es war für mich frustrierend zuzuschauen, während er Dinge tat, während ich die Antwort vor mir sehen konnte und es mich juckte, an den Computer zu kommen, um zu sehen, ob ich das Problem lösen konnte. Es dauerte nicht lange, bis ich meinen eigenen Weg einschlug. Zum größten Teil bin ich ein autodidaktischer 68000-Programmierer und Cracker.

Lotek64: Hast Du oft am Rob Northen Copylock gearbeitet?

Galahad: Ja, ich würde sagen, dass mindestens 70 Prozent der Kopierschutzprogramme auf

dem Amiga irgendeine Art von Rob Northens Schutz auf der Diskette hatten, sodass man mit Sicherheit irgendwann darauf stoßen würde. Zu Rob Northens Verteidigung sei gesagt, dass sein Schutz gar nicht so schlecht war. Das Hauptproblem war, wie andere Leute seine Routinen in ihre Spiele implementierten. Tja, die meiste Zeit gaben sie sich überhaupt keine Mühe, zu verbergen, was der Schutz tat.

Ich würde sagen, dass man als Cracker bei über 50 Prozent der Copylock-geschützten Spiele nicht wissen musste, was der Serienschlüssel auf dem geschützten Titel war, weil er im Spiel vorlag, normalerweise an einen CMPI.L-Befehl angehängt, und das Spiel den Serienschlüssel physisch in einem Langwort überprüfte, was eine monumentale Dummheit war. Das sticht einem wirklich ins Auge, wenn man sich den Spielcode ansieht.

Die Programmierer haben keinen Versuch unternommen, den Copylock-Header zu verschleiern. Wenn man also nach der Zeichenkette „ONz" sucht, findet man den Copylock leicht, wenn er sich im Speicher befindet. Und ein guter Cracker weiß genau, wie er funktioniert, er weiß, wie man den Anfang und das Ende des Copylocks findet, und er weiß, wohin der Copylock zurückkehrt, wenn er fertig ist. Und wenn der Cracker sehr erfahren ist, weiß er auch, wie er sie entschlüsseln, verändern und wieder verschlüsseln kann.

Lotek64: Was war für dich bisher der schwierigste Kopierschutz?

Galahad: Das zeitaufwändigste und kniffligste Spiel für mich ist ein sehr aktuelles Spiel, das ich noch nicht veröffentlicht habe. Es heißt Gateway Ypsilon und ist ein geniales Werk. Und es war, als wäre ich wieder in Fairlight, weil es im alten Stil gemacht werden musste, von den Warp-Dateien der beiden Disketten ausgehend, kein IPF oder echte Disketten, da es sich um ein sehr seltenes Spiel handelt. Aber der Typ, der den Kopierschutz für dieses Spiel geschrieben hat, muss lange über alle Möglichkeiten nachgedacht haben, wie man Crackern eins auswischen kann, um zu verhindern, dass das Spiel erfolgreich geknackt wird.

Er beinhaltet zwei verschiedene MFM-Formate, unterschiedlich lange Tracks, verschiedene SYNC-Markierungen, um Tracks auf der gleichen Seite der Diskette zu trennen, dynamisches Laden wie bei SWIV/Ninja Warriors während des gesamten Spiels, Prüfsummen, einfach viele Dinge, die er gemacht hat, um zu versuchen, eine Veröffentlichung zu verhindern, winziger Trackbuffer, der viel kleiner war als ein normaler in AmigaDOS-Größe.

Unnötig zu sagen, dass ich es geschafft habe, aber es war eine sehr willkommene Abwechslung zu den zwei Minuten, die ich mit einem hastig eingeworfenen Copylock "verbracht habe. LOL!

Lotek64: Als ich als kleiner Lamer Spiele gespielt habe, war dein Name in Crack-Intros für mich irgendwie allgegenwärtig. Hast du Geld für die Cracks bekommen, oder wie hat dich Fairlight motiviert?

Galahad: Ich wurde nicht dafür bezahlt, dass ich für Fairlight Cracks gemacht habe, und auch nicht für eine der früheren Gruppen, in denen ich war. Ich habe das getan, was ich immer tun wollte: ein Cracker in einer Gruppe sein, die mit anderen um die Originale konkurrieren konnte. Es spielt keine Rolle, ob du der beste Cracker der Welt bist, wenn du nicht einen der besten Beschaffer für neue Spiele (Original Supplier) hast. Du brauchst eine Gruppe, die so gut organisiert ist wie Fairlight, Prestige, Skid Row, Crystal und andere. Ansonsten sitzt du da und knackst die Krümel, die übrig geblieben sind, weil sich die anderen Gruppen nicht die Mühe machen wollten. Niemand hat es eilig, Fleißkärtchen für irgendeinen Scheiß zu sammeln, den niemand mehr als einmal starten wird!

Fairlight hat mein Modem für mich gekauft. Ich hatte schon eines, aber es war defekt, also habe ich mir eines von jemand anderem geliehen. Ein Paar Monate später beschlossen sie, dass es zum Verkauf stand. Ja, ich konnte es kaufen, wenn ich es wollte. Und wenn nicht, wollten sie es zurückhaben. Als Nächstes schickte mir JBM/Fairlight das Geld, um es zu bezahlen. Deswegen fuhr ich fort, für Fairlight zu cracken...

Meine Hauptmotivation, für Fairlight zu cracken, war, dass ich für Fairlight cracken wollte. Nachdem ich jahrelang in Gruppen war, die es entweder nicht so ernst damit meinten oder nicht in der Lage waren, einen regelmäßigen Nachschub an Amiga-Originalen aufrechtzuerhalten, war ich nun in einer Gruppe, deren ganzes Mantra darin bestand, die Nummer 1 in all diesen Dingen zu sein.

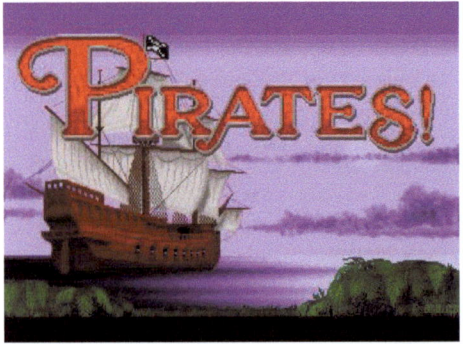

Lotek64: Geld spielte stets eine Rolle...

Galahad: Ja, Geld spielte bei Fairlight und anderen Top-Gruppen eine Rolle. Aber das musste es auch. Wie sonst sollte man sich zwei Kopien von jedem Spiel leisten, wenn es veröffentlicht wurde? Die Amiga-Szene ging weit darüber hinaus, dass die Leute ihr Taschengeld zusammenschusterten, um das neueste Spiel zu bekommen, wenn bei Fairlight drei Spiele in einer Woche veröffentlicht wurden, musstest du zwei Exemplare von jedem kaufen, um dich für den Kauf zu qualifizieren, weil das vernünftigerweise das ist, was ein kleiner unabhängiger Computerspiel-Händler einkaufen könnte, um es zu verkaufen.

Lotek64: Ich verstehe, alles andere wäre aufgefallen.

Galahad: Außerdem wurde es zu einer guten Angewohnheit. Es kam häufiger vor, dass eine Originaldiskette auf irgendeine Weise beschädigt wurde. Eine zweite Kopie trug dazu bei, dass eine (illegale) Veröffentlichung durchgeführt werden konnte. Wir hätten wirklich großes Pech haben müssen, um beim Großhändler zwei kaputte Kopien zu erwischen.

Lotek64: Und was ist mit den anderen Gruppen?

Galahad: Die meisten der Top-Gruppen arbeiteten auf der gleichen Basis, obwohl es kein Geheimnis ist, dass einige Cracker für ihre Bemühungen bezahlt wurden. Aber dieselben Cracker waren schon seit den C64-Tagen dabei, und einige dieser Cracker wurden als die allerbesten angesehen. Und es gibt einige Spiele, bei denen man es sich absolut nicht leisten kann, es zu vermasseln und eine schlechte Veröffentlichung zu haben. Denn jeder wird sich daran erinnern und niemand wird dir das verzeihen, und es könnte der Unterschied sein,

ob die Leute zukünftige Veröffentlichungen deiner Gruppe meiden oder sie willkommen heißen.

Es ist ein himmelweiter Unterschied zwischen dem Mist, den Zeppelin Games herausbringt, und Lemmings. Für das erste interessiert sich niemand, für das zweite interessiert sich JE-DER.

Lotek64: So langsam wird es unübersichtlich. In welchen Gruppen warst du eigentlich die ganze Zeit über?

Galahad: Ich werde die Nichts-Gruppen nicht erwähnen, weil sie nichts waren, und wir feiern nichts! – LSD, Scoopex, Dual Crew Shining, Fairlight, Rednex, Scoopex!

Lotek64: Woher kommt eigentlich deine Liebe zum Amiga?

Galahad: Vor dem Amiga hatte ich ein kurzes Techtelmechtel mit dem Atari ST. Aber davor

hatte ich einen BBC Micro, mit dem ich zu der Zeit ziemlich glücklich war. Aber selbst als der Amiga für mich am Horizont auftauchte, hatte ich den BBC Micro seit mindestens zwei Jahren nicht mehr angerührt. Meine Zukunft lag nicht im Computerbereich, dachte ich. Ich hatte keine Neigung zum Cracken, ich mochte Computer und fand sie interessant, aber nicht genug, um irgendetwas zu tun... bis ich den Amiga zum ersten Mal in Aktion sah.

„Der Commodore Amiga hat mich geradezu überwältigt!"

Ich war überwältigt, und zu sagen, dass es ein gewaltiger Schritt nach vorne gegenüber der 8-Bit-Ära war, würde dem Amiga nicht gerecht werden. Der Sprung zwischen der PS3 und PS4 ist um Welten kleiner als der zwischen 8-Bit und Amiga. Als ich auf dem Amiga Bilder im HAM-Modus sah und dazu eine gesampelte Wiedergabe der Pet Shop Boys und Madonna hörte, wusste ich einfach, dass ich mir einen zulegen musste.

Ich konnte keinen ergattern, daher die kurze Tändelei mit einem Atari ST. Der war zwar grafisch in Ordnung, aber der Sound erinnerte mich sehr an den BBC Micro und klang überhaupt nicht wie der Amiga, den ich gehört hatte. Wochen später kam der ST zurück in den Laden. Ich kaufte den Amiga mit Kickstart 1.2, und seitdem ist es der Amiga.

Ich bin immer noch verärgert über das, was Commodore dem Amiga angetan hat. Die Zukunft hätte vielleicht x86 oder ARM sein können. Aber der Amiga hat es verdient, entweder immer noch da zu sein oder zumindest noch ein Jahrzehnt zu überdauern.

Gesucht, aber nicht enttarnt

Lotek64: Hattest du schon einmal Ärger mit der Polizei? Oder wurde ein Bekannter von dir verhaftet?

Galahad: Ich nicht, obwohl ich gebeten wurde, ein kleines Programm für eine andere Gruppe namens Photogenics zu knacken. Allem Anschein nach wurden von Almathera, dem Hersteller von Photogenics, einige Anstrengungen unternommen, um herauszufinden, wer ich war. Wahrscheinlich, weil ich von keiner der Prüfsummen erwischt wurde. Das bedeutete, dass es ein 100%iger Crack war, den die Leute tatsächlich benutzen konnten.

Ein Freund von mir, der ein großer britischer Mailswapper war (verschickte Warez auf Disketten per Post), wurde wegen der Wiederverwendung von Briefmarken verurteilt. Auf die Briefmarken wurde etwas (meist mit einem Pritt-Stift oder einem anderem Kleber) aufgetragen, sodass der Frankiervermerk, der darüber gestempelt wurde, um die Briefmarken zu entwerten, einfach abgerieben werden konnte. Die gefakten Briefmarken und die Versandtaschen konnte man somit gleich mehrfach verwenden.

Lotek64: Gab es jemals einen Kontakt zwischen dir und den Programmierern, deren Kopierschutz du überwunden hast?

Galahad: Ja, bei zwei Gelegenheiten. Ich habe die Programmierer einiger Spiele getroffen. Einen von ihnen lange nachdem ihr Spiel veröffentlicht und fertig war. Und dem anderen bin ich begegnet, bevor ich ihr Spiel für Fairlight geknackt habe: Ich bin sicherlich nicht zu dem Typen zurückgegangen und habe gesagt „Ich habe deinen Schutz geknackt... LOL!", denn es war nichts Persönliches. Es ging nie um Fairlight gegen Ocean, Fairlight gegen Bitmap

Brothers... sondern immer nur um Fairlight gegen Prestige, Fairlight gegen Crystal. Die Spiele waren einfach das Mittel, mit dem wir unsere metaphorischen Muskeln spielen lassen konnten, um andere Gruppen zu schlagen. Es gab keinen Grund, ein schlechtes Gewissen zu haben, denn es war ganz einfach: Wenn man mich gebeten hätte, Spiel X für Fairlight zu knacken, und ich hätte gesagt: „Tut mir leid, das kann ich nicht", dann hätten sie gesagt: „Na gut" und hätten es einfach Skol oder Renegade angeboten, die es gemacht hätten, und es wäre trotzdem eine Fairlight-Veröffentlichung gewesen. Egal, was passiert wäre, es wäre geknackt worden. Aber ich hatte auch nicht das Bedürfnis, es ihnen unter die Nase zu reiben.

Warum bist du jetzt bei Scoopex?

Galahad: Ich kannte Photon von Scoopex schon eine ganze Weile, und ich kam an ein Spiel namens Snow Bros von Ocean France. Ich hatte es wie das Original auf eine einzige Diskette gecrackt, aber der Platz auf der Diskette war extrem knapp. Ich fragte Photon, ob er Lust hätte, ein Cracktro dafür zu machen, aber wir waren wirklich am Ende mit dem Platz. Er sah das als eine würdige Herausforderung an und erstellte das MonsterBobs Cracktro, generierte Musik, und nach ein paar Tagen des Umgestaltens, damit es passte, wurde es als eine alleinige Produktion von mir veröffentlicht, Cracktro von Scoopex.

Und dann, nicht lange danach, konvertierte ich Where Time Stood Still vom Atari ST auf den Amiga. Dies ist ein Spiel von Dentons Design, das auf dem Amiga erscheinen sollte, was aber nie geschah. Wieder fragte ich Photon, ob er Lust hätte, erneut das Cracktro beizusteuern, aber dieses Mal hätte er mehr Platz.

Das Ergebnis war, dass ich gebeten wurde, bei Scoopex mitzumachen, was mir sehr recht war, denn bis zu diesem Zeitpunkt war ich zwar technisch gesehen immer noch bei Fairlight (ich habe FLT nie verlassen), aber ich habe das meiste für mich selbst gemacht.

Jetzt hatte ich Zugang zu großartigen Programmierern, Musikern und Grafikern, was bedeutet, dass jeder seine Arbeit präsentieren kann, hoffentlich in Produktionen, die die Leute spielen oder sehen wollen.

Lotek64: Welche Strukturen hast du dort erwartet? Was habt ihr geplant?

Galahad: Es gibt eine Struktur, aber es ist eine lockere. Keiner von uns ist mehr ein Teenager oder in den 20ern, die Zeit ist nicht mehr so frei wie früher. Also gibt es keinen wirklichen Druck auf irgendjemanden, aber wenn die Leute ihre Zeit opfern können, liefern sie hervorragende Arbeit ab. Ich denke, dass Scoopex musikalisch gesehen eine der stärksten Besetzungen in diesem Bereich hat, und das Wichtigste ist, dass die Mitglieder es gerne tun.

Lotek64: Als ich 2006 bei der Kooperation Deviance/Scoopex war, wirkte alles total chaotisch, ist das besser geworden? Habt ihr jetzt einen oder zwei Organisatoren, die die Fäden in der Hand halten?

Galahad: Photon ist der Mann, der die Fäden in der Hand hält, aber auch hier ist es entspannt. Das muss es auch sein, denn keiner von uns kann so viel Zeit aufwenden wie früher. Wir sind eher eine Gruppe, die nach dem Motto arbeitet: Die Produktion ist fertig, wenn sie fertig ist.

Lotek64: Inwieweit beeinflussen deine Fähigkeiten als Cracker deine berufliche Tätigkeit? Konnten test oder kannst du das für dein berufliches Fortkommen nutzen?

Galahad: Abgesehen davon, dass ich ein ziemlich guter Problemlöser bin, wenn es darum geht, Autos zu reparieren und zu zerlegen, spielen meine Cracker-Aktivitäten keine Rolle in meinem täglichen Leben. Aber wie beim Programmieren bin ich als Automechaniker weitgehend erfolgreich, also scheine ich etwas richtig zu machen.

Lotek64: Im Making of Voyage sprachen wir mit sim und seinem eingebauten Kopierschutz in seiner Demo. Wie lange hast du eigentlich an der Entwicklung einer AGA-Lösung gearbeitet? Was hat dich an Voyage gereizt?

Galahad: Ich habe immer AGA-Fixes gemacht, dazwischen habe ich Cracks für Fairlight und Rednex gemacht. Ohne darüber nachzudenken, habe ich in einem Readme für einen bestimmten AGA-Game-Fix geschrieben, dass ich bereit bin, alles zu machen, auch Demos.

Und Voyage wurde sehr oft angefragt, von all den Dingen, die ich damals gemacht habe, muss ich mindestens 30+ PMs von Leuten auf verschiedenen BBS gehabt haben, die ich frequentiert habe. Und Voyage stand bei den meisten ganz oben auf der Liste, unter Ausschluss anderer Demos und Spiele. Ich liebte auch diese Demo, die Atmosphäre und die Musik. Der BBS-Teil (mit den ganzen Razor-1911-Boards) war ein bisschen langweilig. Was dieses Segment gerettet hat, war die Echtzeit-Grafikrotation. Aber der Rest war einfach voller toller Ideen.

Und der Programmierer hatte die Boot-Routinen mit einem Kopierschutz versehen. Das war ein fataler Fehler, denn jetzt wollte ich die Demo reparieren, nur um diesen Teil zu „knacken"! Ich glaube, ich hatte auch gehofft, dass dies das einzige Problem mit der Demo war, aber es gab noch andere, von denen der Programmierer einfach nichts wissen konnte.

Galahads Fix verbesserte WinUAE

Wenn ich mich recht erinnere, musste ich ihn auf dem A500 knacken, da waren einige absolut präzise Timings erforderlich, die 020 komplett verändert hat, sodass der verschlüsselte Teil des Bootblocks einfach nicht richtig entschlüsselt werden konnte. Ich denke, es war eine Kombination aus der Geschwindigkeit eines 68000 und dem CIA-Timing, aber so oder so, selbst wenn man die Caches auf 020 deaktivierte, war es zu schnell.

Ich erinnere mich, dass die Action Replay auch nicht gut war, um es zu knacken. Denn wenn man die Entschlüsselungsphase an irgendeinem Punkt unterbrach, waren die Timings falsch. Es konnte nicht richtig entschlüsselt werden, und man konnte einfach nicht an der richtigen Stelle einsteigen. Vielleicht aus Versehen, nehme ich an.

Wenn ich mich richtig erinnere, habe ich einen anderen Bootblock geschrieben, der den Voyage-Bootblock an die erwartete Stelle im Speicher kopiert hat. Und, was am wichtigsten ist, ich habe zu diesem Zeitpunkt nicht in das System eingegriffen, sodass die Demo in der erwarteten Umgebung geladen wurde. Das bedeutete, dass die Timings nicht verändert wurden und, was am wichtigsten ist, dass der Voyage-Bootblock ohne Änderungen geladen wurde. Ich war dann in der Lage, ein Byte der verschlüsselten Daten zu patchen, das, sobald es vollständig entschlüsselt war, dazu führte, dass der Bootprozess vollständig anhielt und nicht mehr weiterging. Das bedeutete, dass ich dann in der Lage war, den Bootblock zu nehmen und ihn vollständig entschlüsselt zu speichern.

Es war erforderlich dies zweimal zu tun. Aber beim zweiten Mal musste ich ein Byte vor dem letzten Byte patchen, damit ich wusste, was das erste Wort der Daten sein sollte, und es korrigieren konnte. Aber das ist jetzt 23, 24 Jahre her und ich könnte nicht sagen, was ich letzte Woche gegessen habe.

Wenn ich mich richtig erinnere, ist der vollständig entschlüsselte Bootblock in meiner Version des Fixes. Er wird an die richtige Speicheradresse geladen und überspringt dann die Entschlüsselungsroutinen. Aber alles im Bootblock ist so, wie der Code es erwartet, damit er nicht fehlschlägt. Der Emulator WinUAE wurde durch Voyage etwas besser, als ich darauf hinwies, dass der Grund, warum es unter WinUAE nicht funktionierte, darin lag, dass die Entschlüsselung beim Booten fehlschlug. Nur zwei Tage später implementierte Toni Wilen einen Fix, der es zum Laufen brachte.

Lotek64: Kim Schmitz aka Kim Dotcom (Kimble, Bitbug von Ex-Loons, Ex-Romkids) wartet immer noch in Neuseeland auf seine Auslieferung in die USA. Hattest du jemals Kontakt zu ihm? Was hältst du von ihm?

Galahad: Ich habe natürlich von ihm gehört, aber nur im negativen Sinn. Denen, die berüchtigt sind, ist es meist egal, wie sie in Erinnerung bleiben. Ihnen ist nur wichtig, dass sie in Erinnerung bleiben. Er ist eine Fußnote in der Amiga-Szene, die sich auf die Fähigkeiten anderer und die Entdeckungen anderer verlässt, alles für ein bisschen Ruhm im Fernsehen. Blueboxing hätte nicht ewig überdauert. Aber es hätte länger überdauert, wenn er nicht getan hätte, was er tat.

Das Gleiche passierte hier im Vereinigten Königreich: Ein paar Idioten traten in einer Fernsehsendung auf Channel 4 auf. Und zwei Tage später schaltete die British Telecom die Möglichkeit des Blueboxing ab. Aber soweit ich mich erinnere, hielten sie ihre Identität geheim.

Ich bin jedoch nicht dafür, dass die USA ihn wegen Urheberrechtsverletzungen anklagen. Sie besitzen diese magische Fähigkeit, bei so ziemlich allem überzureagieren und anscheinend an jedem ein Exempel zu statuieren. Leider gibt es, glaube ich, kein Gesetz dagegen, ein fetter Trottel zu sein, also gibt es noch etwas anderes, was sie ihm anhängen können? Ich werde mich dafür einsetzen, dass die USA Kimble bekommen, sobald sie Ann Sacoolas ausliefern. Sie hat Harry Dunn überfahren und getötet. Sie ist dann in die USA geflohen, wo man sich geweigert hat, sie zurückzuschicken. Die USA scheinen bei der Justiz ziemlich wählerisch zu sein.

[Anm.: Ann Sacoolas ist eine ehemalige CIA-Agentin, die 2019 in England einen britischen Staatsbürger überfuhr, der danach seinen Verletzungen erlag. Durch diplomatische Immunität entging die US-Bürgerin einer Verurteilung in Großbritannien.]

Lotek64: Hast Du jemals bei Scene Talk angerufen? Das war ein Sprachtelefon mit einigen Räumen, in denen sich Leute treffen konnten.

Galahad: Nein, nie, abgesehen von einigen der großen BBSs dieser Zeit habe ich mich weitgehend zurückgehalten, weil ich nicht bekannt machen wollte, wer ich war.

Lotek64: Manche würden sagen, Karma ist ein Miststück. Jetzt bekommt Kim, was er verdient hat. Oder wie siehst du das?

Galahad: Ja, er verdient das. Aber wie ich schon sagte, nicht aus urheberrechtlichen Gründen, sonst wäre ich ein Heuchler. Ich glaube nicht, dass die USA fair sein würden, das sind sie selten.

Lotek64: Was wirst du in zehn Jahren beruflich und als Hobby machen?

Galahad: Ich weiß nicht, ich mache immer noch Amiga-Zeug. Aber unglücklicherweise, und das ist etwas, dem wir alle ins Auge sehen müssen, während die Zeit voranschreitet, schwindet das Publikum für das, was wir auf dem Amiga machen. Und das jedes Jahr, da mehr Leute entweder das Interesse verlieren, oder, wie es viel zu oft passiert, sterben.

Ob ich das immer noch tun werde, wenn ich fast 60 Jahre alt bin, kann ich nicht sagen. Aber sicher ist, dass das Verlangen nach dem Amiga, das ich hatte, als ich in meinen späten Teenagerjahren war, heute nicht mehr so stark ist. Jetzt habe ich ein Geschäft, das ich aufrechterhalten muss, Arbeit zu erledigen, Beziehungen zu pflegen, es geht nicht mehr nur um mich.

Also ja, ich würde gerne mit Sicherheit sagen, dass ich das in zehn Jahren immer noch machen werde. Aber mit Sicherheit werden die meisten, wenn nicht sogar alle verbleibenden ungeknackten Amiga-Spiele von mir und anderen gemacht werden. So ziemlich jede WHD-Load-Installation wird gemacht sein, alle Atari ST-Spiele, die es wert sind, konvertiert zu werden, werden fertig sein. Ergo werden irgendwann die Fähigkeiten, die ich habe, nicht mehr nützlich sein. Aber ich bin noch nicht bereit, in den Sonnenuntergang zu gehen, ein Junge muss ein Hobby haben, und das ist besser als Klebstoff schnüffeln! ∎

Das Interview führte Lars Sobiraj. Der Text erschien auch auf tarnkappe.info sowie in englischer Sprache beim Amiga-Diskmag Jurassic Pack.

GEE-Magazin
Am 03.03.2022 erscheint nach guten acht Jahren das erste Mal wieder eine neue Ausgabe des GEE-Magazins. Mit diesem Heft plant der Herausgeber je nach Erfolg einen kleinen Neustart mit zwei Ausgaben pro Jahr. Mehr Infos zur aktuellen Ausgabe 70 gibt es hier: https://www.geemag.de/

Kavinsky: OutRun

Nach mehreren EPs hat Kavinsky 2013 sein erstes und bisher einziges Album unter dem Titel „OutRun" herausgebracht.

von Simon Quernhorst

Nachdem mir der Film „Drive" aus dem Jahr 2011 samt seiner Titelmusik gut gefallen hatte, habe ich danach gesucht und herausgefunden, dass das Lied „Nightcall" heißt und von dem französischen Musiker Vincent Belorgey komponiert und unter seinem Künstlernamen Kavinsky veröffentlicht wurde.

Nach mehreren EPs hat Kavinsky sein erstes und bisher einziges Album im Jahr 2013 unter dem Titel „OutRun" herausgebracht. Der Albumtitel bezieht sich dabei auf das SEGA-Spiel von 1986 und nachdem ich bereits in Lotek64 #13 über mein gleichnamiges Lieblingsspiel berichtet hatte, musste ich mir die CD natürlich ebenfalls holen und auf weitere OutRun-Anleihen hin untersuchen.

Das Albumcover zeigt direkt einen stilechten Sportwagen samt Fahrer, Palme und Meer. Der erste Track „Prelude", der letzte Track „Endless" sowie die erste und letzte Seite des Booklets erzählen die Geschichte eines Unfalls mit einem roten Sportwagen im Jahr 1986 und dem daraus wiedergeborenen „Deadcruiser", im Booklet sind dazwischen 13 seitenfüllende Einzelfotos mit verschiedenen Auto- und Straßenszenen abgebildet, die so auch aus einem entsprechenden Film stammen könnten.

Das Album enthält insgesamt 13 Titel, von denen mehrere Anspielungen auf Videospiele sein könnten, so z. B. Blizzard, Rampage, Testarossa Autodrive, First Blood oder Roadgame. Der letztgenannte Titel wurde im Jahr 2012 in Werbespots zum Videospiel „Hitman Absolution" sowie für Mercedes-Benz verwendet und war auch der Imagesong der Tischtennis-WM 2013 in Paris. Der Track „Testarossa Autodrive" wurde 2008 im Spiel „Grand Theft Auto IV" verwendet und „Odd Look" 2012 in einem BMW-Werbespot. Witzigerweise beginnt „Nightcall" übrigens mit dem Soundeffekt eines Münzeinwurfs in einen Spielautomaten. Somit gibt es also sehr viele Bezüge des Albums zu Videospielen und Autos. Und auch der Klang von Kavinskys elektronischer Musik erinnert sehr an Filme und Videospiele der 1980er Jahre, nicht von ungefähr wird das Musikgenre Synthwave deshalb auch als Retrowave oder sogar als Outrun bezeichnet.

In einem Interview im Jahr 2013 gibt Kavinsky bei einigen Fragen auch Einblicke in seine Videospielvergangenheit:

Frage 1: Ist der Titel OutRun eine Referenz an das Rennvideospiel?

Kavinsky: Ja! Ich habe das Spiel damals sehr viel gespielt. Es stammt von einem sehr talen-

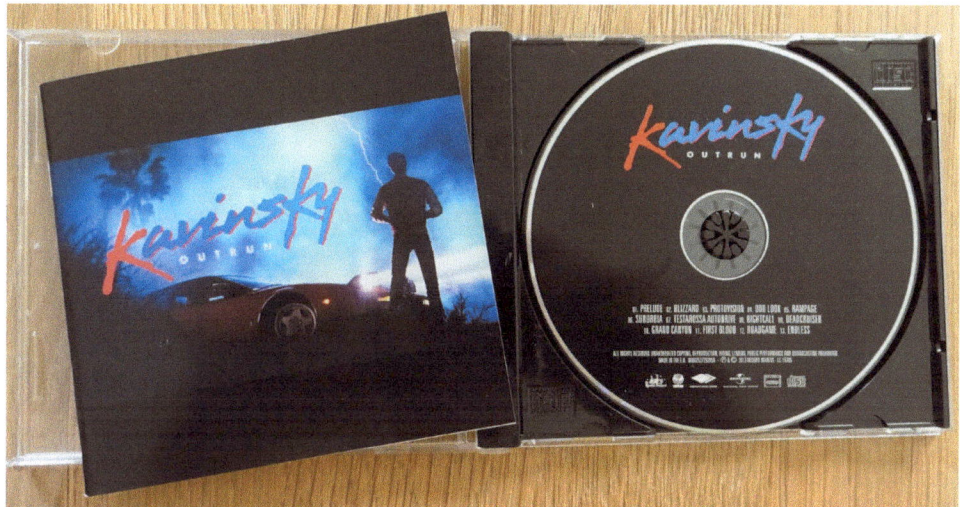

tierten Entwickler, Yu Suzuki, welcher auch Hang-On, Shenmue, und viele andere gemacht hat. Jedes Mal hatte er ein neues Konzept oder eine neue Art von Spiel – jedes seiner Spiele war immer eine Revolution.

Frage 2: Beschäftigst Du Dich sehr mit Videospielen?

Kavinsky: Heutzutage nicht mehr, aber früher habe ich sehr, sehr, sehr viel gespielt. Manchmal habe ich ein Spiel gespielt, die Vorhänge zugezogen und so im Dunkeln für sieben Tage gespielt. Zum Beispiel GTA, Rock Star Games, solches Zeug. Jetzt werde ich wohl alt, den wenn man so viel in einem Spiel machen kann, langweilt es mich. Ich fühle mich schlecht, wenn ich nun nur noch an meinem Fernseher spiele und dabei fast 40 Jahre alt bin. Dann fühle ich mich schuldig, mehr als früher. Deshalb habe ich aufgehört. Aber mit Freunden spiele ich noch PS Soccer. Ich spiele nur nicht mehr viel alleine.

Frage 3: Fördert der Konsum von Videospielen die Erstellung von elektronischer Musik?

Es ist alles logisch. Für mich sind das Spielen von Videospielen und die Erschaffung von Musik irgendwie dasselbe.

Frage 4: Denkst Du bei Deinem Album an eine Art von Soundtrack?

Kavinsky: Oh, ja. Deshalb habe ich das Album auch mit so vielen Bildern versehen. Wir haben natürlich keinen Film gemacht, aber das Album wird präsentiert wie der Soundtrack eines Films. ∎

(Übersetzung eines Auszugs dieser Website: https://www.spin.com/2013/02/kavinsky-outrun-drive-skrillex-tattoo-interview/)

Schätzfrage
Was hat die VHS-Kaufkassette von 'Rambo' Anfang 1983 gekostet? Tipp: Nicht zu niedrig schätzen! (Auflösung auf der Seite 36)

A Micromusic Compilation from Germany

Der Schubfladen

Bei diesem Sampler kommen Fans bleepiger Game Boys und pluckernder Brot-
kästen genauso auf ihre Kosten wie alle, die es etwas härter und lauter mögen.

von Steffen Große Coosmann

Vor einigen Jahren habe ich mich der Chip-musik-Szene komplett entzogen. Das lag einerseits an einem Wechsel der persönlichen Interessen, andererseits aber auch daran, dass mich nicht mehr wirklich viel so richtig über-rascht hat. Die großen musikalischen und technischen Innovationen passierten allesamt in den 1990er Jahren, ein paar weitere Anfang der 2000er. Seit dem Ende meiner regelmäßi-gen Musik-Kolumne habe ich mich jedenfalls sehr wenig mit dem Thema auseinandergesetzt und war ganz erstaunt, als mich die Anfrage für die Besprechung und ein Rezensionsexem-plar des Samplers in Form einer Kompaktkas-sette erreichten.

Sampler sind immer gut, um einen Über-blick über Künstler*innen eines Labels oder einer Szene zu bieten. Und den schaffen Acts wie Melted Moon, Kid Knorke, Vault Kid und viele andere ganz hervorragend. Zwar bleiben die wirklichen Überraschungen auch hier aus, tanz- und anhörbar ist das Gesamtwerk trotz der vielen unterschiedlichen Herangehenswei-sen dann doch. Kid Knorke und Betty Blue-screen eröffnen den Sampler mit ihrer rotzig punkigen Kampfansage an zu wenig Bewegung in den Füßen, Vault Kids Game Boy groovt sich mit seiner niedlichen Melodie gut ins Ohr, Cal-listo Ghost hat seinen Beitrag wohl irgendwo Ende der 1980er wiedergefunden und Lego-

lufts schneller Elektrodub-Song „Numbers" hilft allen, die Probleme haben, sich die Ge-heimzahl ihrer EC-Karte zu merken. Das sind nur meine persönlichen Highlights. Fans ble-epiger Game Boys und pluckernder Brotkästen kommen genauso auf ihre Kosten wie alle, die es etwas härter und lauter mögen.

Neben den 14 Songs enthält die Kassette außerdem noch Datentracks für den C64, in denen sich ein Spiel sowie eine Demo ver-stecken. Die habe ich mir allerdings nicht an-gucken können. Daneben gibt es noch einen Download-QR-Code, mit dem man sich das Album als WAV-Dateien in CD-Qualität herun-terladen und auf einem Medium der eigenen Wahl abspielen kann. ∎

Käuflich erwerben...
...kann man das Werk direkt über die Seite des Labels http://www.musikfladen.de

Mit nunmehr menschenweltweit üblicher zweijähriger Verspätung freue ich mich, ein Paar der obskureren persönlichen Lieblings-SIDs von Glenn Rune Gallefoss aus früheren und jüngeren Zeiten, die bei Back in Time Live 2019 in Bergen angesprochen und -gespielt wurden, zu präsentieren! Beide – unüblicherweise für den sonst im warmen Klang des alten SIDs schwelgenden Glenn – für den neuen Chip; und los geht's!

von Martinland

Freezing 12' (1999)
geschaffen von **DJB alias Dwayne Bakewell**: Nach einem dramaturgisch zweimalig gespielten, klassisch anmutenden Intro stellt sich nach etwas mehr als einer Minute ein treibender Beat ein, der kurz darauf von Drums ergänzt wird; das wunderbar altmodische Solo beginnt dann nach zwei Minuten, es folgen noch sprudelnde Schlagzeug-Breaks und ein langsames Fade-Out; also kein loopen diesmal. Entspannend und schön!
http://csdb.dk/sid/?id=4254

Composition for the 11th Finger (2015)
geschaffen von **Hultink und Zeidler**: 16 Jahre nach obigem finden wir uns in einer Art SID-Jazzclub wieder, in dem uns ein Pastiche auf herrliche Akkordprogressionen von – sagen wir mal – Weather Report bezaubert; und gleich danach wird – richtig geraten – soliert! Natürlich viel zu kurz, also loopen. Groovy!
http://csdb.dk/sid/?id=51292

Sommer 2021: Haribo goes Mario

Der Süßwarenhersteller HARIBO (übrigens ein Akronym für den Firmengründer Hans Riegel und den Gründungsort Bonn) präsentierte im Sommer 2021 die „HARIBO Super-Mario Edition". Der Hersteller bewirbt die Zusammenarbeit mit Nintendo folgendermaßen: „Jump'n' yumm! Münze, Superstern oder Feuerblume erscheinen ganz plötzlich und für kurze Zeit in den Geschmacksrichtungen Erdbeere, Apfel, Himbeere, Kirsche und Zitrone. Jetzt schon ein Gamechanger!". Auf der Standardtüte sind Mario und Luigi abgebildet. Daneben gibt es eine zweite Tüte „Sauer" mit Mario und Yoshi sowie eine dritte Tüte „Veggie" mit Peach und Toad. Jeder Beutel beinhaltet 175 g und kostet im Handel ca. 0,99 Euro. Neben den bereits genannten drei Formen sind auch noch Schildkrötenpanzer enthalten. Für längere Sessions eignet sich außerdem der große Eimer mit satten 570 g. Geschmacklich können alle Gebinde das Levelziel erreichen...   *Simon Quernhorst*

Bier, Haare und Gitarre: Metal Warrior ist zurück

Mit MW Ultra erschien 2020 ein C64-Action-Adventure, das einen erfreulichen Trend fortsetzt: Neuerscheinungen müssen sich seit einigen Jahren nicht mehr hinter den Klassikern aus der Blütezeit verstecken, sondern übertreffen selbst große Titel. MW Ultra, ein episches Remake des ersten Metal-Warrior-Spiels aus dem Jahr 1999, ist dafür ein gutes Beispiel. Programmierer Lasse Öörni stand uns in Lotek64 #60 (März 2020) Rede und Antwort. Nun stellen wir das Spiel vor.

von Georg Fuchs

Nach dem Ende der kommerziellen C64-Ära Anfang der 90er-Jahre kehrten viele Programmierer den 8-Bit-Systemen den Rücken. Neuerscheinungen konnten nicht mit den Klassikern mithalten, nur vereinzelt erschienen Spiele, die nicht bald wieder in Vergessenheit gerieten. Das unermüdliche Wirken von Firmen wie Protovision trug schließlich Früchte: Seit einigen Jahren erscheinen C64-Spiele, die die Fähigkeiten der Hardware auf eine Weise ausnutzen, wie sie in den 80ern kaum denkbar schien, und dabei das Gameplay nicht außer Acht lassen. Dabei hat sich auch ein neuer Standard an Nutzerfreundlichkeit etabliert, der sich an moderneren Systemen orientiert: kurze Ladezeiten, kaum Sackgassen und speicherbare Spielstände gehören mittlerweile zum Standard bei hochwertigen Titeln, früher war das eher Luxus und nur selten zu finden – auch bei Spielen aus renommierten Softwarehäusern.

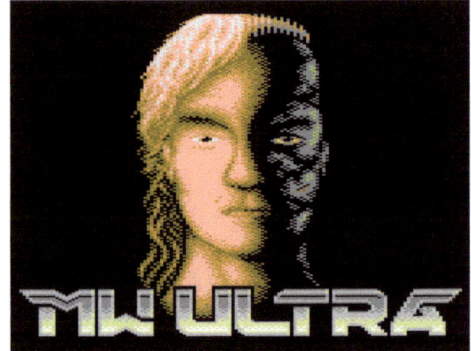

Ein Spiel mit Geschichte

Metal Warrior 1 von Lasse Öörni erschien 1999 und orientierte sich an einem gleichnamigen, unveröffentlichten Amiga-Spiel aus den frühen 90ern. In diesem Action-Adventure übernimmt man die Rolle des Metal-Gitarristen Ian, der in der postapokalyptischen Spielewelt herausfinden muss, wer seinen Musikerkollegen und Freund getötet hat.

Nur kurze Zeit später legte Öörni einen zweiten Teil vor, der viele Verbesserungen enthält. Damit nicht genug, wurde 2001 Teil 3 nachgelegt, der unter anderem einen üppi-

gen Soundtrack und grafische Leckerbissen wie eine Landschaft, die drei Tageszeiten (Tag, Dämmerung, Nacht) durchläuft, bietet. Auch Rollenspielelemente sind vertreten. Zusammen mit Öörnis Gruppe Covert BitOps wurden die ersten drei Teile in einer von Simon Quernhorst aufwändig gestalteten Box in limitierter Auflage vertrieben, die in Lotek64 #09 (März 2004) vorgestellt wurde.

Ende 2003 erschien der für lange Zeit letzte Teil der Serie, Metal Warrior 4: Agents of Metal. Dieses Spiel übertrifft die Vorgänger abermals und bietet neben neuen Features auch einen größeren Umfang – erstmals benötigte ein Teil der Reihe zwei Diskettenseiten.

Als 2020 nach 17 Jahren wieder ein neuer Titel erschien, griff Lasse Öörni auf das allererste Spiel zurück. Es handelt sich also nicht um eine neue Geschichte, sondern um eine Neuinterpretation des Originalspiels, bei der spielerisch und technisch alle Register gezogen werden. Die Engine im Hintergrund ist generalüberholt, die Kontrollen sind gut durchdacht. Das ist keine Nebensache, denn MW Ultra bietet viele Möglichkeiten, die ohne allzu komplizierte Joystickmanöver schnell erlernt werden können.

Re-Make / Re-Model

Inhaltlich dreht sich die Handlung um Ian, einen etwas orientierungslosen jungen Mann, der (auch frisurentechnisch) an seiner Karriere als Metal-Gitarrist arbeitet, wenn er nicht ge-

rade ein Schlückchen Bier genießt. Doch dann holt ihn seine Vergangenheit ein – worüber nicht mehr verraten werden soll, denn dann wären wir schon mitten in der Welt von Metal Warrior Ultra mit seiner großen, aber nicht unüberschaubaren Spielewelt.

Die Hintergrundgrafiken und Animationen sind schön gepixelt und ausgeführt, der Soundtrack ist stimmungsvoll und abwechslungsreich, wie wir es schon von den Vorgängern aus der Reihe kennen. Alles läuft flüssig und ohne Ruckelei ab, obwohl der Hardware einiges abverlangt wird. Neben dem Standard-Retro-Setup (C64, 1541, Ein-Button-Joystick) werden viele weitere Setups (1581, 1541 Ultimate, Modul mit Speicherfunktion, REU) unterstützt, natürlich ist das Spiel PAL- und NTSC-kompatibel. Wer eine SuperCPU besitzt, kommt in den Genuss eines beschleunigten Scrollings.

Da der Schwierigkeitsgrad dreistufig wählbar ist, ist das Spiel trotz seiner zahlreichen Features auch von weniger versierten Spielern

noch beherrschbar. In MW Ultra gibt es viele Adventure-Elemente, aber erwartungsgemäß auch viele Kämpfe mit zahlreichen Waffen, die einem im Verlauf des Spiels in die Hände fallen. Besonders hervorzuheben ist der Enterhaken, der auch grafisch äußerst fein umgesetzt wurde. Es gibt im Kampf viele taktische Elemente, und wie in einem Rollenspiel kann man die Fähigkeiten der Figur, Ian, weiterentwickeln.

Mit Traum- und Zwischensequenzen wird die Geschichte fantasievoll weitergesponnen, das Ende ist laut Entwickler abhängig vom Verhalten des Spielers. Wer von den vielen Steuerungsmöglichkeiten anfangs überfordert ist, kann direkt im Spiel eine Kurzanleitung als Infotext abrufen, sie liegt aber schön gestaltet der digitalen Version als PDF und der Box als gedrucktes Heft bei. Nützlich ist der ebenfalls als PDF bzw. gedruckt beiliegende Stadtplan, der die Orientierung in der Spielewelt wesentlich erleichtert, allerdings auch vorwegnimmt, welche Dimensionen das Spiel hat. Wer sich die Überraschung nicht nehmen lassen möchte und Freude daran findet, selbst auf Papier zu kartografieren, sollte die Übersicht also zugeklappt bzw. das PDF ungeöffnet lassen.

Mit MW Ultra werden nicht nur Fans der vierteiligen Metal-Warrior-Trilogie ihre Freude haben. Wer die Reihe nicht kennt, kann gleich mit dem neusten und feinsten Teil einsteigen und landet doch ganz am Anfang der Handlung. ∎

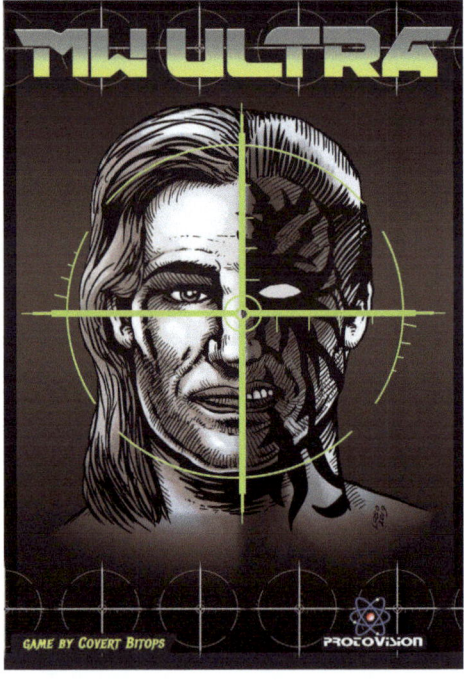

IAN: WOW. THAT WAS MESSED UP.

MW Ultra kaufen:

https://www.protovision.games/shop/

Die **digitale Version** (Download) kostet 9,99 Euro und enthält außer den Images (1541, 1581, CRT, Emlatoren/1541 Ultimate) Handbuch und Stadtplan als PDF.

Die **Box** enthält das Spiel auf Modul, einen großformatigen Stadtplan, ein Handbuch sowie als Goodie ein MW-Ultra-Gitarrenplektrum, und kostet 45 Euro. Sämtliche Downloads sind ebenfalls enthalten.

Gegen Aufpreis können weitere Zugaben (A3-Poster, Audio-CD) geordert werden.

Gold Quest VI: Im Bann der sieben Drachen (C64)

Kenne dein Limit!

Der vor Kurzem erschienene sechste Teil der Gold-Quest-Reihe für den Commodore 64 ist eine echte Überraschung: Statt eines weiteren SEUCK-Spiels erwartet uns ein waschechter Dungeon Crawler.

von Georg Fuchs

Gold Quest ist eine Reihe von Action-Adventures für den C64, die allesamt mit dem berühmt-berüchtigten Shoot'em Up Construction Kit, kurz SEUCK, erstellt wurden. Die Veröffentlichung erfolgte in den Jahren von 2005 bis 2013. Hinter den Spielen steht ein Team rund um Thorsten Schreck alias Sledgie, der auch als Betreiber des C64-Wiki bekannt ist. Beinahe ein Jahrzehnt nach dem letzten Teil wurde die Serie wiederbelebt. Der 2022 erschienene sechste Teil Gold Quest VI – Im Bann der sieben Drachen kann als echte Überraschung betrachtet werden: Statt eines weiteren SEUCK-Spiels erwartet uns ein echter 3D-Dungeon Crawler in feinster PETSCII-Optik.

Die Veröffentlichung erfolgte am 11. März 2022 auf Digital Talk #111. Auf der Coverdisk von Zzap!64 erschien am 2. April eine leicht erweiterte Version (1.1). Zuletzt wurde eine Extended Version (1.2) nachgelegt, die nicht nur neue NPCs enthält, sondern auch einen leichteren Einstieg verspricht und zwölf äußerst vielversprechende Spezialaufträge enthält. Das Spiel ist komplett mit dem Joystick spielbar.

Parental Advisory

Die Extended Version gibt es in toller Aufmachung in Wallet-Hülle mit schön gestaltetem,

wirklich hilfreichem Handbuch, einer Tabelle für Zaubersprüche und zwei Disketten: eine im Standard-1541-Format und eine 3,5"-Disk für Besitzer eines 1581-Laufwerks. Stolz listet die Verpackung die Inhalte des Spiels in Form eines Warnhinweises auf: „Violence, Drugs, Fear, Gambling, Bad Language". Wer kann da noch widerstehen?

Die Idee für das Spiel stammt von Sledgie, außer ihm waren an der Umsetzung des in deutscher und englischer Sprache vorliegenden Spiels RetroLynx, Daimansion, 1570, Telespielator und Jammet beteiligt, die Musik steuerte Richard Bayliss bei. Weitere Aktive waren alke01, Shmendric und CaptFuture1975, der die Modulversion erstellt hat.

Küss die Hand, Herr Kerkermeister!

Gold Quest VI führt den Spieler in der Gestalt eines Zwerges mit einem bis unter den Bauchnabel reichenden Bart tief in ein Bergwerk, um den legendären Zwergenhelden Sledgie aus den Klauen von Orks zu befreien, die ihn gefangen genommen haben. Dieser wollte das Bergwerk für das Zwergenvolk zurückerobern, nachdem sich dort Scharen von vielen freundlichen, meist allerdings noch mehr feindseligen bis tödlichen Kreaturen häuslich eingerichtet haben. All den Gnomen, Kobolden, Wichteln, Feen, Orks, Trollen, Zombies und Drachen begegnen wir auf unserem Weg in die immer tieferen Bereiche des Bergwerks – so steht es im Handbuch geschrieben, somit kennen wir unseren Auftrag. Um das Spiel erfolgreich abzuschließen, muss der gefürchtete Orkschamane Fulgore besiegt werden, um den Fluch aufzuheben, der Sledgie im Bergwerk festhält. Wer weniger ambitioniert ist, kann einfach um einen Platz in der Highscore-Tabelle spielen.

Neben den vielen Charakteren gibt es jede Menge wichtige Gegenstände wie Gold (darum dreht sich alles), Geröll und Lava, Teleporter, Fallen, eine Vielzahl von alkoholischen Getränken unterschiedlicher Qualität und viele weitere Objekte, die zur Erfüllung der Spezialaufträge (Missionen) unverzichtbar sind. Selbstverständlich gibt es im Bergwerk jede Menge Tavernen, in denen man sich stärken, unterhalten und Aufträge annehmen kann.

All das wurde in waschechtem (kompilierten) BASIC V2 umgesetzt, bei der Grafik handelt es sich, vom Titelbild abgesehen, um waschechte PETSCII-Zeichensatzgrafik, die absolut gekonnt in Szene gesetzt wurde. Da das Spiel ohne Nachladen auskommt, ist der Spielverlauf flüssig. Der Bildschirm ist übersichtlich gestaltet und zeigt neben dem Bergwerk in

„3D"-Ansicht die Karte, die anfangs leer ist, aber im Zuge der Erkundung der jeweiligen Ebene automatisch mitgezeichnet wird, einen Kompass, den Status und weitere Informationen.

Je tiefer man ins Bergwerk vordringt, desto größer werden die zu erkundenden Bereiche und desto mehr Gegner tummeln sich in der Dunkelheit. Allerdings gibt es auch mehr Gegenstände und Gold zu entdecken.

Zu Trainingszwecken und als Testmodus kann Zwerg „Schummlor" ins Rennen geschickt werden, der von Anfang an richtig stark gemacht werden kann, dafür aber von der (speicherbaren) Highscore-Tabelle ausgeschlossen bleibt. Im regulären Spiel erstellt man zu Beginn einen Zwerg, für den außer einem Namen vier Parameter festzulegen sind: Promille-Startwert (je höher der Grundpegel, desto wilder kämpft der Zwerg), Gold (zum Einkauf von Waffen und Gegenständen, aber auch als Einsatz beim Glücksspiel), Startwaffe und ein Gegenstand im Rucksack (der höchstens vier Objekte bzw. Getränke fasst).

Unerwartete Todesursache

Mein erstes Game Over ereilt mich nicht im Kampf gegen Orks oder Trolle, sondern nach dem Genuss eines starken alkoholischen Getränks, das meinen Pegel auf über 3,5 Promille ansteigen lässt, wodurch unmittelbar der Tod eintritt. Dabei muss bloß der Promillewert des Getränks zum aktuellen Wert addiert werden – ein Anfängerfehler!

Im zweiten Anlauf kaufe ich zunächst ein Nunchaku, das ich mit dem von einer Fee geschenkten Gold bezahle. Ein Kobold fordert mich gleich darauf zu einem Würfelduell, bei dem ich ein Goldstück verliere. Als ich beim nächsten Kobold nicht mitspielen möchte, bekomme ich zum Dank eine übergezogen und verliere fünf Lebenspunkte. Ein kleines Stück weiter greife ich einen Ork an und gewinne den

Kampf. Das bringt auch ein bisschen Gold ein. Um die Ecke lauert ein Troll. Ich überlege zu fliehen, greife dann aber doch an und verliere ziemlich viele Lebenspunkte. Hoffentlich finde ich bald eine gute Fee oder eine Taverne, um meine Reserven aufzufüllen. Die Ebene überlebe ich mit ausreichend Gold, um mich im Wirtshaus satt zu essen und meine Energie dadurch wieder auf 81 % aufzufüllen. In Ebene 4 stoße ich zuerst auf einen Drachen, auf der Flucht verliere ich einen Teil meines Goldes und laufe dann einer bösen Fee in die Arme, die mir eine Menge Lebensenergie absaugt. Als ich dann noch auf einen Trollwächter stoße, trinke ich ein Bier, um ihn müde zu machen. Dabei übersehe ich schon wieder, dass ich damit eine letale Alkoholvergiftung erleide, und beende mein Testspiel im Rang eines Steinmetzes.

Das Testspiel hat sich als äußerst unterhaltsam erwiesen und Lust auf weitere Versuche gemacht. Es ist erstaunlich, wie gut das Spiel technisch umgesetzt ist, und wie viel Spaß es macht, die Dungeons zu erkunden. Das liegt auch am eigenwilligen Humor und den vielen kleinen Details, die alle in den Speicher gepasst haben.

Gold Quest VI ist ein tolles Spiel mit ausgewogenem Schwierigkeitsgrad, das einen frustfreien Einstieg ermöglicht, aber bald herausfordernd wird. Mit den zahlreichen, liebevoll gestalteten PETSCII-Charakteren bietet es optisch viel mehr, als man von einem BASIC-Spiel erwarten würde. ∎

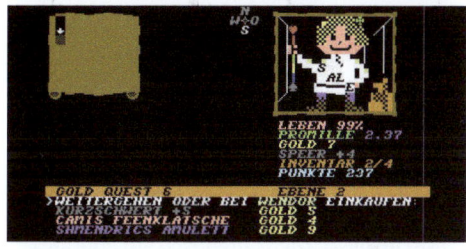

Zwei Boxen zu gewinnen

Von der luxuriösen Extended Version in der Wallet-Hülle hat uns die gute Fee aus Ebene 1 (andere behaupten, es sei Alexander Keller aus dem Zwergenteam gewesen) freundlicherweise zwei Exemplare zum Verlosen zur Verfügung gestellt. Wer gewinnen möchte, schreibt einfach bis 1. Dezember 2022 eine Nachricht mit einem Betreff, der in etwa „Gold Quest VI gewinnen" lauten könnte, an **commodore@aon.at** .

Links

C64Games
https://www.c64games.de/phpsei…detail.php?filnummer=7804

CSDb
https://csdb.dk/release/?id=218974

The New Dimension
http://tnd64.unikat.sk/f_g.html#GoldQuest6

Museum on a Cart

Ein ungewöhnliches und originelles Projekt packt ein ganzes Museum auf ein Modul. Lotek64 stellt das Programm vor und hat mit dem Designer gesprochen.

von Simon Quernhorst

Covid-19 hat die Kulturwelt besonders hart getroffen: Konzerte und Veranstaltungen fielen aus, Museen wurden geschlossen. Um trotzdem einen Teil der laufenden Kosten decken zu können, ist der Digital Retro Park (DRP) im hessischen Offenbach auf eine außergewöhnliche Idee gekommen: wenn die Besucher nicht ins Museum kommen können, muss das Museum eben zu den Besuchern gelangen. Dazu hat das DRP-Team das Adventurespiel „Museum on a Cart" – kurz MoaC – als eigenständiges Modul für eine Retro-Plattform kreiert: Nintendos Game Boy.

Das Spiel kann wahlweise auf Deutsch oder Englisch gestartet werden. Nachdem man an-

■ Ein komplettes Exemplar den Taschen-Museums.

schließend eine von drei Figuren ausgewählt hat, geht es auch schon los und man beginnt den virtuellen Besuch im museumseigenen Café. Von dort führen verschiedene Durchgänge in andere Bereiche. Es gibt kleine und große Räume, wobei die großen Räume zunächst horizontal gescrollt werden und anschließend in die zweite Raumhälfte überblenden. Neben Informationen zu den Themen der Bereiche und zu jedem einzelnen Ausstellungsobjekt kann man auch andere Personen ansprechen und sich auf die Suche nach versteckten Texten, Persönlichkeiten, Credits und Spielen machen. Nach erfolgreicher Suche in allen Räumen bekommt man dann bei Rückkehr ins Café sogar eine Endsequenz des Museum-Adventures zu sehen.

Als einzige Gefahr innerhalb des Spiels ist mir ein versteckter „Absturz" an einer Stelle eines Raums aufgefallen. Nach einer witzigen Animationssequenz muss man den Game Boy dann neu starten und verliert so den bisherigen Spielfortschritt. Auch außerhalb der Virtualität sind versteckten Späße zu entdecken, so steht z. B. auf dem Modul „Made in Offenbeach".

Das Modul wird in einer standesgemäßen Modulhülle und einer durchsichtigen Verpackung geliefert. Neben der Anleitung liegen dem Modul auch noch verschiedene Aufkleber sowie ein Anstecker bei. Das MoaC ist eine tolle Idee und dank der gelungenen optischen und akustischen Ausführung auf jeden Fall den Eintrittspreis in das virtuelle Museum und damit die Unterstützung des realen DRP wert.

■ Willkommen im mobilen Modul-Museum.

L otek64 sprach noch kurz mit **Falk Heinzelmann**, dem Designer des Spiels:

Lotek64: In welcher Entwicklungsumgebung wurde das Spiel gestaltet?

Falk Heinzelmann: MoaC ist mit dem Editor „GB Studio" gebaut worden (https://www.gb-studio.dev/).

Lotek64: Welches Team war beteiligt?

Falk Heinzelmann: Eigentlich ist alles von mir, bis auf die Musik... hier hat Tronimal über 10 Stücke komponiert und umgesetzt. Eigene, aber auch Bekanntes von TSM auf dem Amiga und DeerTears auf dem Game Boy. Geholfen haben mir außerdem einige Leute bei der Korrektur der Texte und beim kurzen Hacken der Engine, damit Tronimal seine eigenen Samples nutzen konnte.

Lotek64: Wie lange hat die Realisierung gedauert?

Falk Heinzelmann: Das waren gut vier bis fünf Monate, da wirklich alles selbst gemacht ist... von der Verpackung, Grafik und Bau der ganzen Cartridges, sowie Gestaltung des Covers, der Anleitung und der Sticker. Ich baue auch jetzt immer noch zwischendurch weitere Exemplare zusammen. Stefan Pitsch, der Vorsitzende des Vereins, macht den Versand.

Lotek64: Gibt es irgendwelche Secrets/Hidden Features im Spiel?

Falk Heinzelmann: Ja, es sind fünf Ghosts in the Machine versteckt: Prominente Figuren aus der Computerwelt, über die man ein wenig erfährt, sowie drei Level bekannter Spiele, die Klassiker auf den jeweiligen Systemen sind, in denen sie versteckt sind. Und dann gibt es noch zwei Kleinigkeiten, die ich aber nicht verrate...   ■

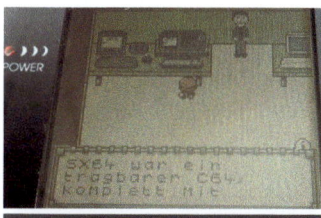
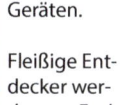

■ Viel zu erkunden: Infos zu allen Geräten.

Fleißige Entdecker werden am Ende belohnt...

Nervensache

Tiny Quest ist ein auf das Allernötigste reduziertes, schnelles Jump'n'Run, das 2020 auf Modul und Diskette von Bitmap Soft veröffentlicht wurde. Es spielt in einer bunten, rechteckigen Pixelwelt und erfordert eine superschnelle Spielweise.

von Georg Fuchs

Die Box, die mir Klemens Franz netterweise vor langer Zeit geschickt hatte, enthält neben der Disk einen Button, einen Aufkleber, ein DIN-A4-Poster sowie ein Anleitungsheftchen, das schnell gelesen ist. Es enthält die Hintergrundgeschichte, die ebenso schnell zu erfassen ist wie das Spielprinzip: Wir steuern Mr Cube, der, wie der Name schon subtil andeutet, ein mit Beinen versehener Würfel ist – woraus in der zweidimensionalen Darstellung ein Quadrat wird. Bernd das Brot, Super Meat Boy und Spongebob haben dergestalt die Bildschirme zum Beben gebracht, warum sollte es nicht noch einmal funktionieren? Doch bevor es so weit ist, muss der armlose Zweibeiner von links nach rechts laufen, Hindernisse überspringen, Münzen einsammeln und zum nächsten Screen stürmen. Der öffnet sich aber erst, wenn die Münzen eingesammelt sind.

Atemlos wird ein Bildschirm nach dem anderen durchgespielt, denn viele Handlungsoptionen gibt es nicht: links – rechts – Feuer (springen), das ist es. Die Besonderheit von Tiny Quest ist das superknappe Zeitlimit, das nicht die geringste Pause erlaubt. Nach wenigen Sekunden beginnt Mr Cube zu blinken, und dann hat man noch einen halben Atemzug Zeit, um abzuschließen. Wenn sich das Portal nicht öffnet, hat man die Münze übersehen. Das Einsammeln derselben ist leider keine Option, denn Mr Cube ist das prekärste unter den Quadratmännchen, chronisch pleite und noch dazu verliebt. Findet er nicht genug Münzen, von denen es in jedem Level nur eine gibt, kann er die kostspielige Reise zu seiner Angebeteten gleich vergessen.

Das Spiel wird mit fünf Leben gestartet, Optionen à la Pause, Musik ein/aus oder Verknüpfen mit dem Facebook-Profil gibt es glücklicherweise nicht.

Die Musik während des Spiels (Gaetano Chiummo, Stefano „Dustbin" Palmonari) ist stimmungsvoll und melodiös, sie erinnert mit ihrer orientalischen Melodie an Hubbard-Klassiker wie Master of Magic und Spellbound, ist aber etwas räudiger ausgeführt und passt damit zur bunten, grobpixeligen, aber überzeugenden Grafik (Andrea „Wanax" Schincaglia, der auch für den Code verantwortlich ist).

Speicherfunktion gibt es keine, dafür werden Passwörter generiert, die den Wiedereinstieg ermöglichen – solange der Computer nicht ausgeschaltet wird, denn es handelt sich nicht um permanente Codes. Leider ein Argument, mit dem Emulator zu spielen, da man dann eine bequemere Speicherfunktion zur Verfügung hat. Bei diesem Spiel kein Nachteil, denn wer das Ende sehen will, wird sehr viele Bildschirmtode sterben. Spaß macht es jedenfalls, weil die Grundelemente stimmen: Grafik, Musik und Action bilden eine Einheit, die Steuerung ist einfach und präzise, der Schwierigkeitsgrad hoch, aber für Geduldige zu bewältigen. Tiny Quest ist vermutlich das rastloseste und schnellste C64-Geschichlichkeitsspiel, falls ein Superlativ gewünscht wird.

Modul- und Disketten-Versionen sind bereits ausverkauft, als digitaler Download ist das Spiel aber für 3 US-Dollar (derzeit ziemlich genau 3 Euro) zu haben. ∎

Tiny Quest kaufen

https://www.bitmapsoft.co.uk/product/tiny-quest-disk/

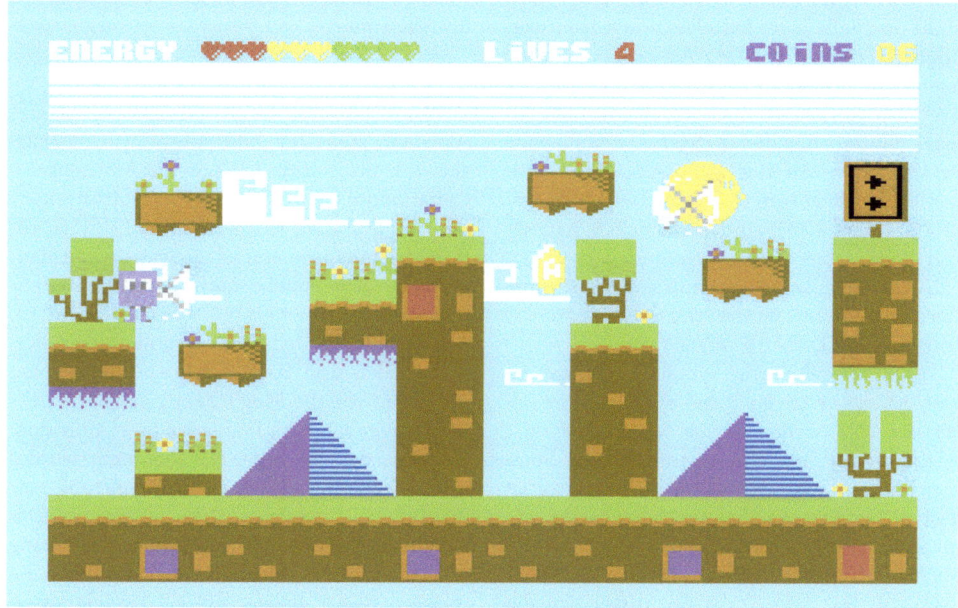

C64-Shooter SEUCK Camp

Angriff der fliegenden Pfefferminzspraydose

Das Adventure Das Camp aus dem Jahr 2015 von Mac of TUGCS hat einen Nachfolger in Form eines „Shooters mit Rollenspielelementen" spendiert bekommen. Wie das ursprüngliche Spiel wurde das „SEUCK Camp" mit einem Baukastensystem erstellt. Herausgekommen ist aber ein völlig anderes Spiel.

von Georg Fuchs

Baukasten-Systeme zum Erstellen von Spielen ohne tiefergehende Programmierkenntnisse gibt es für den Commodore 64 in Hülle und Fülle. Zum Erstellen von Adventures unübertroffen ist das D42 Adventure System, das in Lotek64 #51 (August 2015) vorgestellt wurde. Ungefähr zur selben Zeit erschien ein Spiel, das mit eben diesem System erstellt wurde: Das Camp von Mac of TUGCS, dessen fantastisches Adventure Methodist wir in Ausgabe #60 (März 2020) vorgestellt haben, handelt von einem tatsächlich existierenden Zeltlager. (TUGCS steht unter anderem für The United German Camping Service, wie ein Blick auf das Directory der Diskette verrät.)

Wenn ein Adventure einen Nachfolger erhält, ist dieser in der Regel ebenfalls ein Adventure. Man stelle sich vor, Monkey Island 2 wäre ein Flugsimulator geworden oder Summer Games 2 ein Strategiespiel. Der Autor ist deshalb auch zurückhaltend und nennt das im Sommer 2022 erschienene „SEUCK Camp" Fortsetzung und zugleich Spin-off. Denn anders als das Text-Grafik-Abenteuer ist der

neue Teil ein waschechtes Actionspiel – mit Rollenspielelementen, wie Mac of TUGCS betont. Moment, Rollenspielelemente in einem SEUCK-Spiel?

SEUCK sucks...

Wer nicht weiß, was ein SEUCK-Spiel ist: Das Akronym steht für „Shoot'Em Up Construction Kit" und wurde 1987, in der Blütezeit des Commodore 64, vom britischen Softwarehaus Sensible Software veröffentlicht. SEUCK ist ein durchdachtes und einfaches System, mit dem einfache Ballerspiele nach dem Baukastenprinzip zusammengestellt werden konnten. Editoren für Sprites, Hintergrundgrafiken, Angriffswellen und Soundeffekte waren ebenso enthalten wie die Möglichkeit, das Endergebnis als eigenständig laufendes Spiel (mit dem Hinweis, dass es mit SEUCK erstellt wurde) abzuspeichern. Sogar eine Vermarktung war möglich, auch wenn es nicht bei vielen dieser Titel für eine kommerzielle Veröffentlichung reichte. Zu uninspiriert und eintönig waren die meisten dieser Spiele, SEUCK-Titel konnten (bis 2008, als ein „Sideways SEUCK" erschien) nur von oben nach unten scrollen und waren meist den Speicherplatz auf der Diskette nicht wert, den sie belegten.

…nicht immer!

Gerade die Limitierungen des SEUCK-Systems sind natürlich auch eine Herausforderung, mit den bescheidenen Mitteln etwas zu schaffen, das sich von der Masse abhebt. Und SEUCK Camp ist tatsächlich eine positive Überraschung: Es scrollt von links nach rechts, hat eine Anleitung an Bord, in der der Autor dieser Zeilen in einer Reihe mit John Carpenter (an dessen Soundtracks die Musik erinnert) genannt wird, und es verzichtet auf den Einsatz eines Raumschiffs. Stattdessen steuern wir eine Spraydose, die mit Pfefferminztee gefüllt ist. Damit werden außerirdische Insekten

besprüht, um ihnen den Garaus zu machen. Als passionierter Camper konnte ich mich sofort in dieses immersive virtuelle Szenario hineinversetzen. Punkte gibt es dafür übrigens keine, stattdessen begegnen uns Orte, Szenen und Charaktere (aus dem Adventure-Vorgänger) auf unserer Reise. SEUCK Camp folgt seiner eigenen Logik und macht, was ich noch nicht oft von einem SEUCK-Spiel sagen konnte, wirklich Spaß. Dafür sorgen schon die tollen Levels, in denen es zahlreiche Anspielungen zu entdecken gibt.

Allerdings bin ich hoffnungslos aus der Übung und daher schon am zweiten Level-Boss gescheitert. Das liegt auch daran, dass ich der Versuchung erlegen bin, meinen Pfefferminztee auf alles zu sprühen, was sich bewegt, was aber ein Fehler ist. Mögen andere weiter kommen! Mac of TUGCS verspricht eine kleine Überraschung für alle, die das Spiel gründlich durchspielen. ∎

Links

SEUCK Camp ist kostenlos und kann auf der Webseite des Autors heruntergeladen werden:
http://tugcs.de/c64-games/
https://csdb.dk/release/?id=219750

Walkthrough-Video:
https://youtu.be/C0ur03nFYbA

„Bin ich eine Spielkonsole?" (DVD-Player)

Die Serie Retro Treasures beschäftigt sich mit seltenen oder ausgefallen Produkten der Video- und Computerspielgeschichte.

von Simon Quernhorst

Was macht eine Spielkonsole aus? Es handelt sich um stationäre Systeme, aber keine vollwertigen Computer, die hauptsächlich dem Abspielen von Unterhaltungsmedien (Spiele, Musik, Videos) auf handelsüblichen Fernsehgeräten dienen und mittels eines Controllers bedient werden. Und welche Konsolen setzten dabei auf das DVD-Format? Auf jeden Fall Sonys PlayStation 2 (ab dem Jahr 2000) und Microsofts Xbox (ab 2001). Als Schnittmenge beider Fragen kommen damit auch handelsübliche DVD-Player in Betracht, als Konsole gezählt zu werden, denn es gibt tatsächlich nicht nur Filme, sondern auch eigene DVD-Player-Spiele für sie...

Für DVD-Player sind immerhin viel mehr Spiele erschienen als für so manche „echte" Konsole wie z. B. Amstrad GX-4000 oder Sega 32X. Natürlich liegen zunächst Umsetzungen von früheren Laserdisc-Automaten auf der Hand. So sind u. a. die Dragon's-Lair-Trilogie und Space Ace für DVD-Player erschienen. Die Steuerung mittels der DVD-Fernbedienung begnügt sich dabei mit der Auswahl einer Richtungstaste. Entweder hat man die richtige Wahl getroffen und gelangt zur nächste Spielszene oder man sieht eine der nahezu unzähligen Todesanimationen.

Als größte Gruppe von DVD-Player-Games sind Quiz-Spiele zu nennen, denn deren sequenzieller Ablauf, die vorgefertigten Videosequenzen und eine zeitunkritische Auswahl von Antworten machen diese Spiele zu einem prädestinierten Genre für DVD-Player. Bei „Wer wird Millionär?" ist dabei schön zu beobachten, dass die anfänglichen Fragen nur aus eingeblendetem Text bestehen. Spätere Fragen werden vorgelesen und durch Videos angereichert. So lässt sich die Menge der angegebenen „über 1000 Fragen" auf einer DVD realisieren. Auch die bekannten Joker werden durch den DVD-Player simuliert. Leider wiederholen sich vor allem die Fragen der späteren Spielrunden recht häufig, so dass ein Wiederspielwert eher gering ist. Hingegen lässt sich z. B. „Deal or no Deal" mit der zufallsbasierten Kofferauswahl gut erneut spielen.

Weitere Quizspiele sind zu wichtigen Lizenzen wie Harry Potter, Fluch der Karibik, Germany's next Topmodel etc. erschienen. Neben Quizfragen sind dabei auch kleinere Reaktions- oder Merkspiele enthalten. Und manchmal müssen dabei die Mitspieler bestätigen, ob eine korrekte Antwort genannt wurde.

Als „echte" Videospiele lassen sich z. B. Shadoan, Mad Dog McCree, Who Shot Johnny

Rock und Lara Croft Tomb Raider bezeichnen, da sie auch auf anderen Plattformen erschienen sind. Bei den Lightgunshootern steuert man dabei mittels der DVD-Fernbedienung ein Fadenkreuz über feste Positionen am Bildschirm und versucht die richtigen Ziele zu treffen. Hauptmanko ist dabei leider die Eingabeverzögerung (Inputlag), da die Reaktion des DVD-Players immer eine gewisse Verarbeitungszeit benötigt. Dies ist leider ziemlich hinderlich für diese Art von reaktionsschnellen Spielen. Bei den Action-Adventures schließlich kann man sich von Szene zu Szene bewegen, Wege wählen, Gegenstände aufnehmen und aus dem Inventar verwenden. Shadoan und Lara Croft wirken dadurch am ehesten wie richtige Videospiele und lassen sich auch wiederholt spielen. Bei Tomb Raider zählt der DVD-Player sogar Punkte und gibt Spielstandpasswörter aus.

Viele DVD-Player-Spiele lassen sich günstig erwerben und sorgen oft für Erstaunen, wenn man präsentiert, dass es auch „richtige" Spiele für DVD-Player gibt. Und aufgrund der DVD-Kompatibilität lassen sich die DVD-Player-Games auch auf Blu-ray- oder HD-DVD-Geräten sowie auf PC, Xbox oder PS2 spielen. ∎

Sonderfall Nuon

Der amerikanische Hersteller VM Labs entwickelte die Nuon-Technologie als Erweiterung für DVD-Player. Hersteller wie Samsung, Toshiba und RCA veröffentlichten damit in den Jahren 2000 bis 2003 verschiedene Nuon-Geräte, welche „richtige" 3D-Spiele ermöglichten und auch ein richtiges Gamepad enthielten. Allerdings erschienen nur acht Spiele – darunter als Highlight Tempest 3000 von Jeff Minter – und nur vier weitere Filme nutzten die erweiterten Konsolenmöglichkeiten.

∎ V.o.n.u.: Dreimal Dragon's Lair; TV-Titel; Tomb Raider; etwas verwirrend: DVD-Spiele zu DVD-Filmen.... und nicht zuletzt „echte" Videogames!

Der Autor

Simon Quernhorst, Jahrgang 1975, ist begeisterter Spieler und Sammler von Video- und Computergames und Entwickler von neuen Spielen und Demos für alte Systeme. Zuletzt durchgespielter Titel: Gates of Zendocon (Atari Lynx).

The Igel has landed

2019 veröffentlichte der Programmierer Zeropaige nach siebenjähriger Entwicklungszeit eine C64-Portierung von Super Mario Bros., die zu Recht als Meilenstein gefeiert wurde (siehe Lotek64 #59). In den letzten Tagen des Jahres 2021 wurde eine weitere Lücke geschlossen: Mr. SID präsentierte seine C64-Fassung von Sonic the Hedgehog. Anders als Super Mario Bros. 64 läuft sie aber nur mit zusätzlichem Speicher.

von Georg Fuchs

Die Veröffentlichung des C64-Ports von Sonic the Hedgehog versprach gute C64-Unterhaltung in den Weihnachtstagen. Schließlich sorgte mit Mr. SID alias Andreas Varga (Grafik: Oliver Lindau) ein Experte auf diesem Gebiet für die Umsetzung des rasanten Sega-Spiels aus dem Jahr 1991: 2011 sorgte der österreichisch-niederländische Coder mit seiner C64-Portierung von Prince of Persia für Aufsehen, 2014 legte er eine originalgetreue C64-Fassung von Donkey Kong Junior nach.

Sonic the Hedeghog erschien 1991 zuerst für das Sega Mega Drive, eine 16-Bit-Konsole, und war als Kampfansage an den Hauptkonkurrenten Nintendo gedacht. Sonic löste Alex Kidd als Sega-Maskottchen ab und wollte dem Mario-Hype ein cooles Gameplay mit atemberaubender Geschwindigkeit entgegensetzen. Beinahe schien die Rechnung aufzugehen, mit Sonic hatte Sega auf das richtige Tier, einen blauen Igel, gesetzt.

Da 1991 noch Millionen Sega-Systeme der 8-Bit-Generation in den Kinder- und Wohnzimmern standen und Sega mit dem Game Gear ein attraktives Handheld auf dem Markt hatte, erschien kurz nach der Urfassung auch eine 8-Bit-Fassung für Master System und Game Gear. Diese Versionen wurden parallel zur 16-Bit-Version entwickelt und sind keine 1:1-Umsetzung, sondern setzen auf die Hardware zugeschnittene Grafik- und Leveldesigns um.

Die C64-Fassung von Mr. SID ist logischerweise eine Portierung der 8-Bit-Fassung von Sonic. Die Hürden, die Zeropaige bei Super Mario Bros. überspringen musste, sind dieselben: Die Hardware der Konsole unterscheidet sich erheblich vom Commodore 64, unter anderem ist die CPU der Sega-Konsole deutlich schneller getaktet. Auch die eingeschränkte Farbpalette des C64 stellt wie immer eine Herausforderung dar. Dennoch ist es gelungen, das Spiel ohne nennenswerte Einschränkungen auf den C64 zu bringen.

Eine Einschränkung gibt es im Vergleich mit Super Mario Bros. 64 allerdings: Das

Nintendo-Spiel läuft auf einem C64 im Standard-Setup und benötigt keinerlei zusätzliche Hardware, auch wenn sie, sofern vorhanden, für einen flüssigeren Ablauf genutzt wird. Sonic the Hedgehog hingegen setzt auf eine REU, ohne die das Programm nicht zum Laufen gebracht werden kann. Mindestvoraussetzung sind 256 kB. Damit wird das Defizit kompensiert und das Spiel läuft beinahe gleich schnell wie die Konsolen-Version. NTSC-C64 stoßen angeblich an ihre Grenzen, während der Geschwindigkeitsbonus des C128 genutzt wird, um für ein ruckelfreies Spielerlebnis auch im NTSC-Standard zu sorgen.

Auf den ersten Blick fällt auf, wie gut Sonic aussieht. Grafiker Oliver Lindau musste tief in die Trickkiste greifen, um das zu ermöglichen. Laut C64-Wiki setzte er den Igel aus zwei Hires- und zwei Multicolor-Sprites zusammen. Wenn Sonic in einer der zahlreichen Speed-Passagen beschleunigt und mit Höchstgeschwindigkeit durch die Levels stürmt, ist das schon ein eindrucksvolles Schauspiel.

Der Spielablauf darf als bekannt vorausgesetzt werden. Sonic the Hedgehog ist ein klassisches Jump'n'Run, allerdings viel schneller und hektischer als Hauptkonkurrent Super Mario Bros. Welches Spiel einem mehr zusagt, wurde in jener Zeit, als Nintendo und Sega die großen Widersacher am Konsolenmarkt waren, zu einer Glaubensfrage stilisiert. In der jüngeren Spielegeschichte kam es schließlich zu einer Versöhnung der beiden Figuren, die seither auch gemeinsame Auftritte nicht scheuen.

Die C64-Portierung von Sonic the Hedgehog ist ein technisches Meisterwerk und spielerisch so gut wie das Original. Die Entscheidung für die RAM Expansion Unit (REU) als Voraussetzung war unumgänglich, um einen flüssigen Ablauf zu ermöglichen. Wer mit einem Emulator spielt, braucht sich keine Gedanken zu machen, woher man heute eine solche nimmt, wenn man keine hat.

Eine sehr schön gestaltete, per Joystick scrollbare Anleitung im Sonic-Design ist als Zugabe direkt im Programm integriert und kann vor dem Start angerufen werden. Auf Wunsch kann gleich das gesamte Spiel in die REU (ab 512 kB) geladen werden, was einige Zeit in Anspruch nimmt, danach aber das Nachladen von Diskette erspart. Neben den 1541-Diskettenimages gibt es auch eine 1581-Version. ∎

Link
https://csdb.dk/release/?id=212523

Dies & das

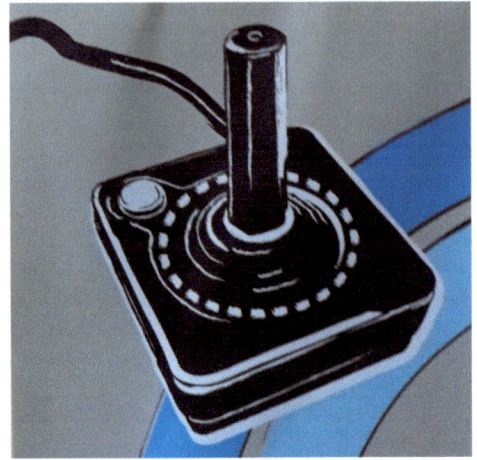

Atari 2600 auf dem Album NOFX – Frisbee

Beim Durchhören einiger Platten ist mir das Album „Frisbee" der US-Punkband NOFX aus dem Jahr 2009 in die Hände gefallen. Weil auf der inneren Plattenhülle ein Atari-Joystick abgebildet ist, habe ich daraufhin die Liedtexte auf einen entsprechenden Zusammenhang hin durchgelesen. Und siehe da: das letzte Lied auf der B-Seite (Track 12) namens „One Million Coasters" listet Dinge auf, die inzwischen offensichtlich als veraltet gelten, so auch „Atari 2600 consoles".

Interessant an diesem Album ist auch, dass nur die Vinyl-Ausgabe „Frisbee" heißt, die CD erschien hingegen als „Coaster", beide mit individuellen Designs, welche die Schallplatte als Wurfscheibe und die CD als Untersetzer verwenden – auch dies sicherlich ein Bezug zu den inzwischen obsoleten Dingen in „One Million Coasters".

One Million Coasters

Coasters and frisbees
Fish lures for deep seas
Mobiles for infants
They make great Christmas tree ornaments

Bring the whole family, parking is free
You're going to love our selection of 8-track tapes,
Blank floppy discs, mobile car phones, Atari 2600 consoles

Guard rail reflectors
Hold 'em hand protectors
Halloween handouts
We got a ten-thousand foot warehouse
Full of cassette tapes, Persimmon woods,
Ink jet printers, telephone booths,
Sony Walkman's, Kodak 110's,
Analog TV's, Betamax's

And 10 million CD's

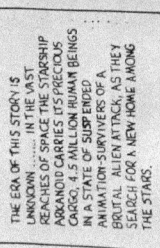

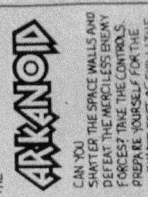

■ Comic in der Amiga-US-Version von Arkanoid, (C)1987 TAITO.

Auflösung der Schätzfrage von S. 15

Die Preise der VHS-Kaufkassette von 'Rambo' und 'Die Klapperschlange' verrät die Anzeige aus der TeleMatch 2/83.

Juli 2021

06.07.2021

Als der Ball noch eckig war: 44 Jahre **Fußball-Videospiele**

https://www.derstandard.at/
story/2000127621184/44-jahre-
fussballvideospiele-als-der-ball-noch-eckig-
war

Die „erste neue **VAX-Architektur**" in 30 Jahren:

https://www.osnews.com/story/133656/
first-new-vax-in-30-years-64-bit-extensions-
proposed/

07.07.2021

Das **Demo Freespin** wird von einem 1541-Diskettenlaufwerk ausgeführt und produziert sogar bewegte Bilder:

https://www.youtube.com/
watch?v=zprSxCMlECA

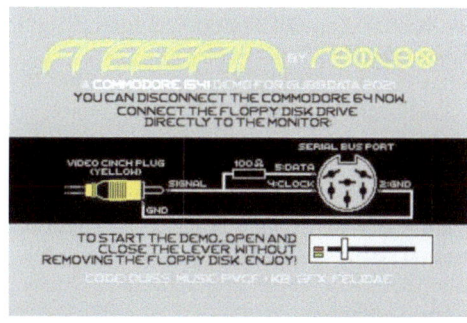

12.07.2021

Vor 20 Jahren legte Apple legt den Design-Klassiker **Cube** auf Eis.

https://www.heise.de/news/Vor-20-Jahren-
Apple-legt-den-Cube-auf-Eis-6135428.html

Ein perfekt erhaltenes Exemplar von **Super Mario 64** erzielte bei eine Auktion 1,56 Millionen US-Dollar und damit fast das Doppelte eines Exemplars von Legend of Zelda, das bisher als das teuerste Spiel gehandelt wurde.

https://www.heise.de/news/Mario-schlaegt-
bei-Auktion-zurueck-Super-Mario-64-fast-
doppelt-so-teuer-wie-Zelda-6134347.html

Auf einer Diskette tauchte eine Rarität auf: eine funktionierende Demo von **Super Mario Bros. 3 für MS-DOS**, entwickelt von Id-Software.

https://www.golem.de/news/id-software-und-
nintendo-museum-erhaelt-super-mario-bros-
3-fuer-dos-2107-158122.html

Die iPadOS-App **iDOS** lässt Windows 3.1 auf dem iPad laufen.
https://www.golem.de/news/idos-windows-3-1-laeuft-auf-dem-ipad-2107-158093.html

20.07.2021
An der Universität für angewandte Kunst in Wien wurde eine neue Abteilung für „**Experimental Game Cultures**" eingerichtet. Seit Oktober 2021 wird ein Masterstudium in Gameskultur angeboten.
https://fm4.orf.at/m/stories/3016657/

August 2021

10.08.2021
Personal Computing auf einem **Amiga im Jahr 2021**:
https://thedorkweb.substack.com/p/personal-computing-on-an-amiga-in-2021

Apple wirft den MS-DOS-Emulator iDOS aus dem App Store, weil damit DOS-Anwendungen ausgeführt werden können, was gegen **Apples Richtlinien** verstößt.
https://www.golem.de/news/idos-apple-wirft-dos-emulator-aus-dem-app-store-2108-158792.html

Der **Amiga 500 Mini** mit 25 Spielen wird angekündigt:
https://www.golem.de/news/retro-games-amiga-500-mini-mit-25-spielen-angekuendigt-2108-158799.html
https://www.heise.de/news/TheA500-Mini-Neuauflage-des-Amiga-500-kommt-mit-25-Spielen-6159861.html

IBM, Microsoft und der **Personal Computer**
https://blog.hnf.de/ibm-microsoft-und-der-personal-computer/

CSIRAC – ein historischer Computer „down under"

https://blog.hnf.de/csirac-ein-computer-down-under/

12.08.2021
40 Jahre **IBM PC**: der Computer, der ungewollt die IT-Revolution einläutete
https://www.heise.de/hintergrund/40-Jahre-IBM-PC-der-Computer-der-ungewollt-die-IT-Revolution-einlaeutete-6163767.html

Microsoft Adventure: Vor 40 Jahren erscheint das erste PC-Spiel
https://www.heise.de/hintergrund/Microsoft-Adventure-Vor-40-Jahren-erscheint-das-erste-PC-Spiel-6163868.html

17.08.2021
Szene aus dem ambitionierten Laserdisc-Spiel **Playland** von Atari aus dem Jahr 1983 sind wieder aufgetaucht:
https://www.derstandard.at/story/2000128968565/ataris-niedergang-kostete-dieses-umfangreiche-laserdisc-spiel

Atari 64 ist ein modifiziertes Commodore-64-KERNAL, das auf Atari-8-Bit-Computern läuft:
https://github.com/unbibium/atari64

24.08.2021
Frogger: Trailer zu einer Gameshow zum Kultspiel

https://www.heise.de/news/Frogger-Trailer-zeigt-Gameshow-zu-Kultspiel-6172099.html

Das **Kulturerbe aus Kunststoff** zerfällt in den Museen, da viele Materialen nicht so langlebig sind wie gedacht.
https://www.heise.de/hintergrund/Kulturerbe-aus-Kunststoff-zerfaellt-in-den-Museen-6172441.html

Windows 11: Das Bildverarbeitungs-Urgestein „**Paint**" aus dem Jahr 1985 erscheint bald in neuem Glanz.
https://www.heise.de/news/Bildverarbeitungs-Urgestein-Paint-von-1985-erstrahlt-bald-in-neuem-Glanz-6171025.html

Die Unterschiede zwischen einer 286- und einer **386SX**-CPU:
https://dfarq.homeip.net/286-vs-386sx/

25.08.2021
Eine kurze Geschichte der **Disketten**:
https://www.heise.de/hintergrund/Disketten-Diese-Scheiben-waren-ein-Hit-6173344.html

Vor 10 Jahren übergab Steve Jobs das Apple-Ruder an **Tim Cook**.

https://www.heise.de/news/Vor-10-Jahren-Steve-Jobs-uebergibt-das-Apple-Ruder-an-Tim-Cook-6173529.html

September 2021
01.09.2021
Der Aprilscherz aus dem Jahr 2012 wurde Realität: Entwickler bringt **Google Maps** auf das Nintendo Entertainment System.
https://www.derstandard.at/story/2000129302190/kein-aprilscherz-mehr-entwickler-bringt-google-maps-auf-den-nes

Relais, Lämpchen, Druckknöpfe – **Minivac 601**
https://blog.hnf.de/relais-laempchen-druckknoepfe-minivac-601/

EPROM – „der Chip, den man löschen kann", wurde im selben Jahr wie der Intel-4004-Prozessor veröffentlicht.

https://blog.hnf.de/der-chip-den-man-loeschen-kann/

1981 stellte Honda den „Electro Gyrocator" vor - 40 Jahre **Navigationssysteme**
https://blog.hnf.de/hier-entlang-40-jahre-navigationssysteme/

08.09.2021
PC-86-DOS auf einem modernen PC:
https://www.os2museum.com/wp/pc-86-dos/

Die vergessenen **FPUs von NEC**
https://www.cpushack.com/2021/09/01/necs-forgotten-fpus/

Kenbak-1 – der erste Personal Computer der Welt machte Schule
https://blog.hnf.de/kenbak-1-ein-computer-macht-schule/

LEO, der erste Computer für geschäftliche Anwendungen, erschien 1951:
https://blog.hnf.de/computer-fuers-geschaeft/

16.09.2021
Clive Sinclair, der legendäre britische Erfinder unter anderem des Sinclair ZX Spectrum, stiebt im Alter von 81 Jahren.
https://www.unilad.co.uk/news/sir-clive-sinclair-genius-behind-the-spectrum-computer-dies-aged-81/

27.09.2021
Q&A mit **Bill Mensch**, der an der Entwicklung des 6502-Processors beteiligt war:
https://spectrum.ieee.org/q-a-with-co-creator-of-the-6502-processor

Oktober 2021
17.10.2021
Ein **6502 mit 100 MHz**:

http://www.e-basteln.de/computing/65f02/65f02/

Die 3D-Engine aus dem Atari-Demo „**Numen**" wurde auf den C64 portiert:
https://www.youtube.com/watch?v=kkMC9rOuVnA
https://www.forum64.de/index.php?thread/119450-neue-3d-engine-f%C3%BCr-den-c64-2021/

„**Sid Meier's Memoir**! A Life in Computer Games" – die Memoires des Civilization- und Pirates!-Programmierers sind in Buchform erschienen.
https://www.forum64.de/index.php?thread/119548-sid-meier-s-memoir-a-life-in-computer-games/

Metal-Gear-Portierung auf den Amiga:
https://hoffman.home.blog/metal-gear/

Amiga CD³² vs. **Philips CD-i**: 32-Bit-Spielkonsole gegen 16-Bit-CD-Player
https://www.computerbase.de/2021-10/amiga-cd32-philips-cd-i-spielkonsolen-vergleich/

Neue/Aktualisierte C64-Tools:
Zak Supervisor V2.0
https://csdb.dk/release/?id=210607
Transwarp V0.82
https://csdb.dk/release/?id=209982
cc1541 V3.3
https://csdb.dk/release/?id=209983

Neue C64-Spiele:
Star Hawx
https://richard-tnd.itch.io/starhawx
Galaga (2021)
https://arlagames.itch.io/galaga-c64
Snow Wars
https://monteboyd.itch.io/snow-wars

Shock Raid
https://richard-tnd.itch.io/shock-raid-64
Thunderground
https://arlagames.itch.io/thunderground-c64
Plekthora
https://drmortalwombat.itch.io/plekthora
Gates of the Ancient
https://drmortalwombat.itch.io/gates-of-the-ancient
Graviton
https://psytronik.itch.io/graviton
Soulless 2 - The Armour of Gods
https://psytronik.itch.io/soulless2
Push Puzzler
https://c64.console-corner.de/pushpuzzler/
Juanje Juega in Sinverland
https://csdb.dk/release/?id=197443

Soulless – Special Edition
https://psytronik.bigcartel.com/product/soulless-special-edition

---

20.10.2021
Nervige und bizarre **Kopierschutzmaßnahmen** im Lauf der Zeit, mit denen Raubkopierer ferngehalten werden sollten:
https://www.heise.de/hintergrund/Nervige-Kopierschutzmassnahmen-im-Lauf-der-Zeit-6216662.html

---

21.10.2021
Unter dem Markennamen Commodore wurde in den vergangenen Jahrzehnten von CD-Hül-len über PCs alles mögliche verkauft. Nun gibt es **Commodore-Saugroboter,** die überzeugende Reviews bekommen:
https://www.notebookcheck.com/Commodore-CVR200-Kaum-zu-glauben-was-die-einstige-Heimcomputer-Marke-als-neues-Produkt-vorgestellt-hat.573954.0.html

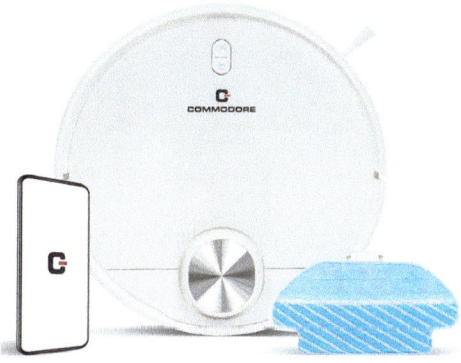

26.10.2021
Vor 20 Jahren brachte Apples **iPod** 1000 Songs in die Hosentasche:
https://www.heise.de/news/Vor-20-Jahren-Apples-iPod-bringt-1000-Songs-in-die-Hosentasche-6228176.html

---

Das kaum totzukriegende **Windows XP** feiert seinen 20. Geburtstag.
https://www.heise.de/news/Windows-XP-Kaum-totzukriegendes-Betriebssystem-feiert-20-Geburtstag-6227254.html

---

25 Jahre **Heinz Nixdorf Museumsforum**:
https://www.heise.de/news/25-Jahre-Heinz-Nixdorf-Museumsforum-6227063.html

---

November 2021
08.11.2021
Sarah Jane Avory hat das C64-Spiel **Briley Witch Chronicles** veröffentlicht. Es kann für 9,99 US-Dollar erworben werden:

https://sarahjaneavory.itch.io/briley-witch-chronicles

16.11.2021
Das für Atari Jaguar geplante FMV-Spiel „**American Hero**" wurde nach 25 Jahren veröffentlicht.
https://www.gog.com/game/american_hero

Mit dem **Intel 4004** fing es an: Der Mikroprozessor wird 50 Jahre alt.
https://www.heise.de/news/Der-Mikroprozessor-wird-50-Jahre-alt-Mit-dem-Intel-4004-fing-es-an-6250092.html

Rückblick auf turbulente Jahre zum 20. Geburtstag der **Xbox**:
https://www.derstandard.at/story/2000131164404/20-jahre-xbox-rueckblick-auf-turbulente-jahre-und-livestream-zum

Dezember 2021
19.12.2021
Nach der atemberaubenden Portierung von Super Mario Bros. auf den C64 gibt es nun auch eine weitgehend originalgetreue Fassung von **Sonic the Hedgehog für C64/128**, Voraussetzung ist allerdings eine REU. Mehr dazu in dieser Ausgabe von Lotek64.
https://csdb.dk/release/?id=212190

Januar 2022
09.01.2022
GDOS64, ein GEOS-Update für den C64:
https://www.forum64.de/index.php?thread/122252-gdos64/

Neue C64-Spiele:
Tenebra
https://h4plo.itch.io/tenebra
Apeshit
https://megastyle.itch.io/apeshit
RetaliateDX
https://lvcabral.itch.io/retaliate-dx
Project X9
https://voxvideogame.itch.io/project-x9-c64-game

10.01.2022
15 Jahre **iPhone**: Als das Handy zum persönlichen Computer wurde
https://www.heise.de/news/15-Jahre-iPhone-Als-das-Handy-zum-persoenlichen-Computer-wurde-6321895.html

Auch Windows 11 kann alte **Disketten** lesen:
https://www.golem.de/news/floppy-disk-auch-windows-11-kann-alte-disketten-lesen-2201-162305.html

Warum es **Space Cadet Pinball** auf Windows nicht mehr gibt:
https://www.golem.de/news/space-cadet-pinball-warum-es-pinball-auf-windows-nicht-mehr-gibt-2201-162300.html

Datenmüll auf dem Bootsektor von PC DOS 1.1 identifiziert:
https://www.os2museum.com/wp/unidentified-pc-dos-1-1-boot-sector-junk-identified/

AmigaOS 3.2.1: Update veröffentlicht
https://hyperion-entertainment.com/

Der wichtigste Computer, von dem du noch **nie gehört** hast:
https://arstechnica.com/science/2022/01/the-most-important-computer-youve-never-heard-of/

23.01.2022
Neue (und alte) C64-Spiele:
Robot Jet Action
https://carrion64.itch.io/robot-jet-action
Hide The Pickle
https://coutgames.itch.io/hide-the-pickle
Durch die Wüste
https://www.forum64.de/index.php?thread/122692-uraltes-aber-bislang-nicht-ver%C3%B6ffentlichtes-spiel-durch-die-w%C3%BCste/
Rogue64
https://badgerpunch.itch.io/rogue64

Das Unternehmen Ziggurat hat über 80 Spiele von **RainbowArts** übernommen. Darunter Logical, Lollypop, X-Out und M.U.D.S.
https://www.ziggurat.games/news/ziggurat-welcomes-rainbow-arts-classics
https://stadt-bremerhaven.de/ziggurat-sichert-sich-die-rechte-an-ueber-80-retro-games-von-rainbow-arts/amp/

Versionscheck (Stand: 13.09.2022)				
Name	Version	Emuliert	Website	Aktualisiert
Boxer	1.4.0	MS-DOS	http://boxerapp.com/	16.02.2016
CCS64	V3.9.2	C64	http://www.ccs64.com/	08.09.2015
Denise	1.1.3.1	C64	https://sourceforge.net/projects/deniseemu/	27.06.2022
DOSBox	0.74-3	MS-DOS	http://www.dosbox.com/	26.06.2019
dosbox-staging	0.78.1	MS-DOS	https://dosbox-staging.github.io/	07.01.2022
Emu64	5.0.19	C64	https://github.com/ThKattanek/emu64/releases	08.07.2021
Frodo	4.1b	C64	http://frodo.cebix.net/	30.06.2007
FS-UAE	3.1.66	Amiga	https://fs-uae.net/	19.12.2021
Hoxs64	v1.1.1.2	C64	http://www.hoxs64.net/	04.09.2022
MAME/MESS	0.247	Automaten und Heimcomputer	http://mamedev.org/	31.08.2022
ScummVM	2.6.0	Div. Adventures	http://www.scummvm.org	01.08.2022
VICE	3.6.1	C64, C128, Plus/4, PET, C64DTV	http://vice-emu.sourceforge.net/	24.01.2022
WinFellow	0.5.8	Amiga	https://github.com/petschau/WinFellow/releases	28.06.2019
WinUAE	4.9.1	Amiga	http://www.winuae.net/	02.02.2022
Yape	1.2.1	Plus/4	http://yape.homeserver.hu/	19.11.2021
Yape/SDL	0.71.1	Plus/4	https://github.com/calmopyrin/yapesdl	??.??.2021
Z64K	2	C64, C128, VIC20, Atari2600	http://www.z64k.com/	09.09.2022

Videogame Heroes #29

Bruce Lee

von Georg Fuchs

Bruce Lee (1940-1971) hat mit seinen Martial-Arts-Filmen fernöstliche Kampfkunst im Westen populär gemacht. Bis heute wird er in aller Welt verehrt. Asiatische Kampfsportarten sind längst Teil der Populärkultur geworden. Kein Wunder, dass sein Name auch in Computerspielen auftaucht. Eines der ersten war das einfach und schnörkellos *Bruce Lee* gennante Spiel des kalifornischen Softwarehauses *Datasoft* aus dem Jahr 1984.

Bruce Lee erschien für die meisten gängigen 8-Bit-Systeme der damaligen Ära und zeichnet sich durch einfaches und geradliniges Gameplay sowie durch einen Zwei-Spieler-Modus aus. Es sieht nicht beeindruckend aus, macht aber Spaß und ist bis heute ein beliebter C64-Titel geblieben.

Genre: Jump'n'Run, Beat'em Up
Erschien: 1984
Plattform: Apple II, Atari, CPC, MSX, MS-Dos, Spectrum, C64
Entwickler: Datasoft

Die Gestalter der C64-Version, Ron J. Fortier und Kelly Day, haben nur an wenigen anderen C64-Spielen gearbeitet, darunter Zorro, Dallas Quest und Conan. Obwohl das Spiel beliebt war, erschien nie eine Fortsetzung.
Erst 2015 erschien eine - inoffizielle - Fortsetzung für den Commodore 64 mit dem wenig überraschenden Titel *Bruce Lee II*. Die Webseite ist immer noch online:

http://kollektivet.nu/brucelee2/
Die Fortsetzung ist ebenfalls sehr gut und neigt, anders als das Original, nicht zu Abstürzen. ∎

Internet: http://www.lotek64.com
Twitter: http://twitter.com/Lotek64
Facebook: http://www.facebook.com/pages/Lotek64/164684576877985

#64 / HERBST 2023

#64, Herbst 2023   www.lotek64.com   info@lotek64.com   ISSN 2307-7085

DIE REDAKTION

ARNDT
adettke@
lotek64.com

GEORG
redaktion@
lotek64.com

MARLEEN
marleen@
lotek64.com

MARTIN
martinland@
lotek64.com

STEFFEN
steffen@
lotek64.com

JENS
jens@
lotek64.com

IMPRESSUM

Herausgeber, Medieninhaber:
Georg Fuchs
Waltendorfer Hauptstr. 98
A-8042 Graz/Österreich

E-Mail: info@lotek64.com
Web: Jens Bürger
Lektorat: Arndt Dettke
Hosting: vipweb.at Thomas Dorn

LARS
larssobiraj@
mailbox.org

KLEMENS
klemens@
atelier198.com

LIEBE LOTEKS!

Im Juni 2002 erschien die erste Ausgabe von Lotek64. Es war ein Alleingang und ein Testballon. Nie hätte ich gedacht, dass es Lotek64 im Jahr 2023 noch immer geben würde. In den 21 Jahren, die seither vergangen sind, sind 63 weitere Ausgaben entstanden, in wechselndem Gewand: zuerst in Schwarzweiß, dann mit immer mehr Farbe, schließlich im DIN-A5-Format und die letzten Jahre nur mehr optional auf Papier. Ein tolles Redaktionsteam ist entstanden, das im Kern seit mittlerweile Jahrzehnten zusammenarbeitet.

Doch im Laufe dieser Jahre hat sich im Team viel verändert, privat und beruflich. Wir alle haben zwar noch eine Menge zu sagen, aber viel zu wenig Zeit dafür. Deshalb wird in nächster Zeit keine neue Ausgabe mehr angekündigt – was nicht bedeutet, dass diese die letzte ist.

Übrigens: Lotek64 #62, #63 und #64 gibt es wieder als Print-on-Demand-Sammelband bei bod.de.

Danke für euer Interesse in all den Jahren! Jetzt aber viel Spaß mit der 64. Ausgabe von Lotek64. Möge die Zukunft dem Commodore 64 gehören.

Georg
(für die Redaktion)

Commodore in 30 Kapiteln

Über Commodore ist schon viel geschrieben worden. In diesem schön gestalteten und subjektiven Buch eines ehemaligen führenden Commodore-Mitarbeiters findet man trotzdem viele Neues über den Hersteller unserer Lieblingscomputer.

von Georg Fuchs

Bücher über Commodore gibt es mittlerweile wie Sand am Meer. Der dominanten Rolle des Konzerns mit Sitz im US-amerikanischen West Chester, Pennsylvania, am Heimcomputermarkt der 1980er- und frühen 90er-Jahre, verdankt sich das ungebrochene Interesse der Fans von Commodore 64, Amiga und Co. an der wechselvollen Geschichte des Unternehmens. Viele Vertreter der ersten Generation einer Spezies, die ihre Freizeit mehr oder weniger vollständig ihrem Computerhobby widmete, sind ihren alten Geräten treu geblieben und tragen zu einer lebendigen Fankultur bei, die unter ehemaligen Nutzern von MS-DOS oder CP/M weitgehend unbekannt ist.

Entsprechend viel wurde bereits zu diesem Thema publiziert – in Zeitschriften wie dieser, in Monografien, auf Webseiten, in Videos und Podcasts. Doch die Befürchtung, eine weitere Sammlung von Anekdoten vorgesetzt zu bekommen, ist beim 2023 in deutscher Übersetzung erschienenen „Inside Story" zum Glück unbegründet. In 17 Kapiteln erzählt der 1948 geborene Brite, der mehr als 45 Jahren in der Computerbranche gearbeitet hat und während seiner Zeit bei Commodore für eine breite Palette von Aufgaben verantwortlich war.

Die biografisch gehaltenen Erinnerungen geben spannende Einblick in die Zeit vor dem Computerboom, als Pleasance in Australien als Flamenco-Musiker sein Geld verdiente, um dem langweiligen Leben als Schweißer in England zu entkommen. In den frühen 80ern kehrte er, inzwischen Familienvater, schließlich nach England zurück, um ohne jegliche Vorkenntnisse in der noch jungen Computerbranche sein Glück zu versuchen. So landete er Mitte 1983 bei Commodore UK, wo schnell sein Verkaufstalent erkannt wurde. Pleasance machte Deals mit großen Handelsketten und sorgte so dafür, dass Commodore-Produkte im ganzen Land verkauft wurden, womit er den Grundstein für eine langjährige Karriere im Unternehmen legte. Besonders die Bündelung von Hardware mit Spielen erwies sich als erfolgreiches Marketinginstrument.

Die folgenden Kapitel geben subjektive und persönlich gehaltene Einblicke in die Geschäftspolitik und -praktiken von Commodore, die man so noch nirgendwo lesen konnte.

Pleasance wurde 1990 Geschäftsführer eines Commodore-Zweigs, der für die Betreuung jener nationalen Märkte zuständig war, die keine eigene Niederlassung hatten, darunter Länder wie Indien, Israel und Ägypten.

1992 folgte für etwa ein Jahr der Ruf in die USA, bevor es zurück nach England ging. In mehreren Kapiteln schildert Pleasance nun die letzten Jahre von Commodore, die von fatalen Fehleinschätzungen des Managements geprägt waren. Über dieses Thema wurde seit 1994 viel geschrieben, dennoch habe ich hier einige Informationen gefunden, über die ich vorher noch nie gestolpert bin.

Weitere 13 Texte, die etwa die Hälfte des Buchs füllen, enthalten Erinnerungen an die Commodore-Zeit anderer Persönlichkeiten, die eng mit dem C64 bzw. dem Amiga verbunden waren.

In diesen Kapiteln gibt es besonders spannende Einblicke aus Insider-Perspektive, oft auf wenig beachtete Themen wie AROS und interessante Hardware. Die MS-DOS-Computer von Commodore werden hier ebenso beleuchtet wie der C65, dem das abschließende Kapitel gewidmet ist.

Unausgegorene Produkte, die sich trotz teurer Marketingmaßnahmen nicht verkaufen ließen, und gute Produkte, die Commodore aus unterschiedlichen Gründen nicht ausreichend bewarb, waren einer von vielen Gründen für das Scheitern. Ob Commodore unter anderen Umständen eine Chance gehabt hätte, ist natürlich nicht zu beantworten. Wer jemals die Begeisterung für einen dieser Computer verspürt hat, wird sich weiterhin mit dieser Frage beschäftigen, und in diesem Buch viele neue Hinweise und noch unbekannte Geschichten finden.

Die Übersetzung von Anton Preinsack liest sich gut, die Schlussredaktion besorgte Nico Barbat, der mit den im Buch behandelten Themen bestens vertraut ist. So ist ein spannendes

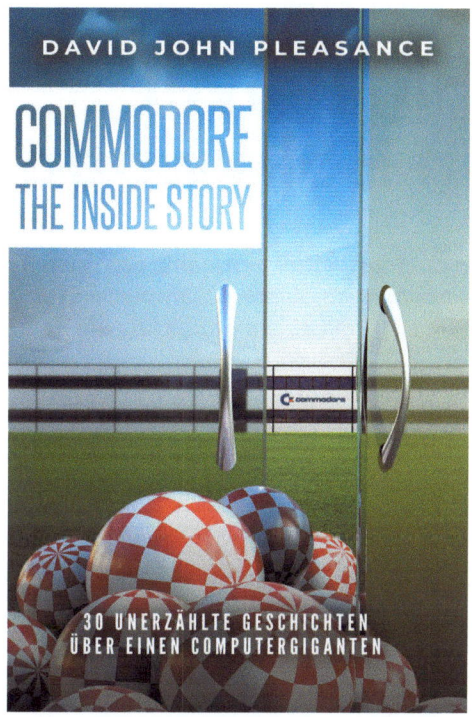

Buch auch in deutscher Übersetzung äußerst lesenswert geblieben. Dank hochwertiger Produktion im Hardcover mit vielen sehenswerten Fotos und Illustrationen ist es das logische Geburtstags- oder Weihnachtsgeschenk für Commodore-Fans von gestern und heute. Und die, die es noch werden wollen. ∎

Weitere Infos

David John Pleasance, Commodore – The Inside Story. 30 unerzählte Geschichten über einen Computer-Giganten, 2023, Hardcover, 380 Seiten, ca. 36 Euro.
ISBN: 978-3-98249-854-6 (gebundenes Buch) bzw. 978-3-98249-855-3 (E-Book)
https://www.lookbehindyou.de/produkt/commodore-the-inside-story/

Interview mit Peter Baustaedter

Big Player in Hollywood

Peter Baustaedter bestimmte das Aussehen beliebter Kinofilme wie „Avatar", „Jumper" und „Das fünfte Element". Mit einem Amiga fing alles an.

von Lars Sobiraj

Peter Baustaedter, geboren in Graz, Österreich, lebt und arbeitet heute hauptsächlich in Neuseeland. Mitte der 90er-Jahre erschienen die ersten Filme, an denen er als Zeichner, 3D Art Director, Digital Matte Painter, Visual Effects Director und vieles mehr beteiligt war.

Die Reihe der Filme und Serien ist lang, bei denen er mitgewirkt hat. Dazu zählen auch Blockbuster wie „Der Herr der Ringe: Die zwei Türme", das legendäre „Sin City 1", „Strange Days", „Titanic", „Eragon", „Dante's Peak", um nur ein paar zu nennen. Momentan arbeitet Peter Baustaedter als Visual Effects Art Director für die Prime Video & Amazon Studios. Er unterstützte seinen Arbeitgeber auch bei der Gestaltung der ersten Staffel der epischen Fernsehserie „Der Herr der Ringe: Die Ringe der Macht".

Peter Baustaedters Karriere begann in der Demoszene

Doch so richtig angefangen hat seine Leidenschaft für das Malen schon viel früher. Nämlich im Jahr 1988, als er sich als Szene-Grafiker auf dem Amiga an den ersten Demoszene-Produktionen beteiligt hat. In der Computerszene nannte er sich Jacksnipe of

Evil, kurz J.O.E. Unter der Abkürzung ist er bis heute bei den Fans von Retro-Computern am besten bekannt.

Peter Baustaedter war im Laufe der Jahre sowohl Musiker als auch Grafiker bei Surprise! Productions, The Softkiller-Crew, Tristar & Red Sector Inc. (TRSI), World of Wonders, Nah Kolor, Scoopex, The Invisibles und bei weiteren Gruppen. Teilweise ist er auch als Highlander bekannt.

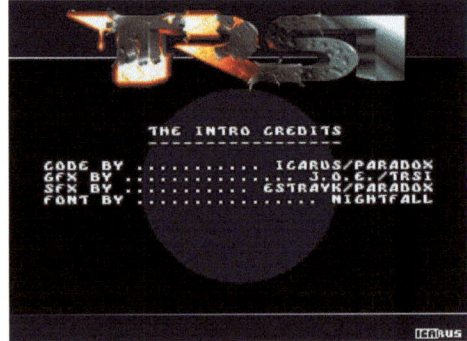

■ J.O.E. landete bei manchen Charts nur im Mittelfeld: PSX1 Intro Preview von TRSI

Die Amiga-Demoszene würdigte ihn spätestens 1991, als in der ersten Ausgabe des

Disketten-Magazins (Diskmag) R.A.W ein ausführliches Interview mit ihm erschien. Weitere Interviews gibt es bei AMP, im Forum Amiga-Life und auf der Website von Ce-on Software. Auf das letzte Gespräch kann man leider nur noch mithilfe der Wayback Machine zugreifen.

Obwohl er in Hollywood heute beim Thema Grafik und Design die erste Geige spielt, gelang es ihm damals bei manchen Szene-Charts nur im Mittelfeld der Grafiker zu landen.

Lotek64: Hallo, wenn ich richtig recherchiert habe, hat Deine Karriere in der Szene 1988 begonnen?

Peter Baustaedter: Hi! Ich freue mich darauf, Deine Fragen zu beantworten. Ich habe meinen Amiga 1000 im Juni 1987 bekommen, wenn ich mich richtig erinnere, und bin Ende 1987 in die Szene gekommen. Ich lernte einen Typen in einem Computerladen kennen, in dem ich immer rumhing, wenn ich auf den Schulbus wartete. Wir verstanden uns auf Anhieb und ich malte ein Logo für eine seiner ersten Demos.

Dann lernte ich den Sohn einer Freundin meiner Mutter kennen, der sich als ziemlich talentierter Programmierer herausstellte. Später wurde er Mitglied bei Amigavision, TSK und Cosmos Designs (einer kurzlebigen Untergruppe von Cosmos). Ende 1987 organisierte er eine der ersten Copypartys in unserer Region. Viele der späteren österreichischen Szenegrößen tauchten in dieser kleinen Scheune im ländlichen Österreich auf. Der berühmtberüchtigte Hans, genialer Coder und auch Schöpfer von jedermanns Lieblingsvirus, dem Saddam Virus, hatte dort seinen ersten öffentlichen Szeneauftritt. Andy und Antitrack von TSK waren auch da, aber die Erinnerungen sind verschwommen.

Ich erinnere mich an die Aufregung, als jemand zum x-ten Mal über die vielen Verlän-

■ Peter mit seinem Werkzeug im Jahr 1996

gerungskabel stolperte und alle Geräte ausfielen... wieder einmal.

Lotek64: Zunächst würde mich interessieren, wie dieser verrückte Name überhaupt zustande gekommen ist? Wer oder was ist ein Jacksnipe of Evil (J.O.E)? Ist es ein besonderer Vogel oder ein Windhund? Welche Geschichte steckt hinter diesem Namen?

Peter Baustaedter: Sie ist so einfach wie ernüchternd. Ich war 15 und machte meine ersten Zeichenversuche auf dem C64. Ich brauchte einen Namen und benutzte meinen Highscore-Namen: PEZ – das war die Abkürzung für den Spitznamen meiner Familie für mich – Pezi. Das kam mir sofort langweilig vor, also wollte ich etwas „Cooles". Und was ist cooler als ein englischer Name – Joe? Und um ihn noch cooler zu machen, habe ich Punkte zwischen die Buchstaben gesetzt, wie es Mitte der 80er-Jahre Mode war. Eigentlich hatte er überhaupt keine Bedeutung.

Ein anderer ehemaliger Szenefreund von mir, Georg, bestand jedoch darauf, dass er eine Bedeutung haben müsse und schlug in einem englischen Wörterbuch nach. Er kam mit dem bereits erwähnten Namen „Jacksnipe of Evil" zurück, den ich mochte und behielt, weil er so dumm war. Er sagte: „Moment, auf Deutsch

heißt das noch besser: 'Bachschnepfe des Bösen'!" Also habe ich den Namen behalten!

Der Commodore Amiga als Auslöser seiner Faszination für Grafik

Lotek64: Du hast als Grafiker (und sogar als Musiker) auf dem C64, später auf dem Amiga, auf verschiedenen Spielkonsolen und für Windows-Demos gearbeitet. Welche Plattform magst du am liebsten und warum?

Peter Baustaedter: Zuerst einmal muss ich sagen, dass ich ein furchtbarer Musiker war. Aber dass ich überhaupt Musik machen konnte, verdanke ich meiner Lieblingsmaschine, dem Amiga. Der Umstieg vom 64er war wie der Umstieg von einem Dreirad auf ein Lichtfahrrad. Entschuldige bitte den Hinweis auf Tron.

Der gebrauchte Amiga 1000, den ich bekam, kam mit GraphiCraft, und ich begann sofort zu malen. So viele Farben, so eine hohe Auflösung. Ich hatte das Gefühl, ich könnte alles mit dieser Maschine machen. Und verdammt, ich habe alles auf dieser Maschine ausprobiert.

■ 1988. Noch ganz am Anfang, aber toll anzuschauen! Grafik von der J.O.E Slideshow 1 von TSC

Keine andere Hardware hat mich je dazu gebracht, etwas so zu machen wie der Amiga.

Vielleicht lag es auch an meinem Alter, aber er schien immer zu sagen: „Was willst Du heute machen?"

Jahre später, als ich meinen ersten PC bekam, sprach er auch zu mir – er sagte „Bleeerppp". Ziemlich traurig.

Mich haben immer die Möglichkeiten der Hardware angetrieben, also wollte ich nach dem Amiga etwas noch Stärkeres. So bin ich in gewisser Weise zur professionellen Computergrafik gekommen.

Der nächste Schritt nach dem Amiga, der für mich aufregend war, waren die Quantel Paintboxes und die Silicon Graphics Maschinen, die ungefähr zur gleichen Zeit aufkamen. Her mit den großen Geschützen!

Lotek64: Du hast mir geschrieben, dass Du Dir vor kurzem einen Atari 520STE gekauft hast. Hätte ein Emulator nicht gereicht? Oder kommt dann das echte Gefühl nicht rüber?

Peter Baustaedter: Wie gesagt, ich liebe Hardware. Außerdem bin ich in einem Alter, in dem ich mich nach der Vergangenheit sehne, also war und bin ich immer noch auf der Suche nach den Maschinen, die es damals in meinem Leben gab. Ich restauriere auch Maschinen – ich kann Kondensatoren austauschen und andere einfache Dinge tun, was mir sehr viel Spaß macht.

■ *Der Commodore 64 als Wohnhaus, dessen Tasten als rauchende Schlote*

Ich habe jetzt einen neuwertigen C64, einen SX-64, einen neuwertigen VC-20 (das war meine allererste Maschine), meinen originalen Amiga 2000 mit allen noch vorhandenen Szene-Aufklebern, zwei Amiga 500, einen Amiga 1200 und einen Amiga 3000 in Einzelteilen.

Als ich dann einen Atari ST zu einem vernünftigen Preis sah, musste ich einfach zuschlagen. Während ich diese Zeilen schreibe, ist er immer noch bei der Post, aber sobald er installiert ist und ich ihn einschalten kann, wird es das erste Mal sein, dass ich einen Atari ST benutze.

Ich muss erwähnen, dass ich dies auf einer IBM Model M Tastatur von 1987 schreibe, nur um zu zeigen, wie sehr ich alte Hardware mag.

Lotek64: Peter, du hast von 1986 bis 1991 die HTBLA Ortweinschule in Graz besucht. Was war das eigentlich, ein Studium? Mit welchem Ziel hast du deine Ausbildung dort fortgesetzt?

Peter Baustaedter: Die Ortweinschule war eine fünfjährige Kunstschule, die ich im Alter von 15 bis 20 Jahren besucht habe. Das erste Jahr war ein allgemeines Kunstprogramm und die Jahre 2-5 waren spezialisiert. Ich wählte „Audiovisuelle Medien" – Film, Fotografie und Video. Es war eine tolle Ausbildung, besonders die Kurse in Fotografie und Kunstgeschichte.

Das Wissen, das ich in diesen Kursen erworben habe, wende ich immer noch täglich an.

Meine Illustrationsfähigkeiten habe ich mir größtenteils selbst beigebracht, wie man an meinen Arbeiten sehen kann. Vor allem die ersten Bilder, die ich für die Szene erstellt habe. Da fehlte mir viel Wissen.

Nachdem ich eine Weile in der Branche gearbeitet hatte, hörte ich vom Pasadena Art Center College of Design. Es war mein Traum, dorthin zu gehen. Aber als ich davon hörte, steckte ich bereits knietief in meiner Karriere und konnte es mir eigentlich nicht leisten.

Lotek64: Oder um es anders auszudrücken. Vom Demoszene-Grafiker zum VFX Art Director, der bei der Entstehung der TV-Serie „Der Herr der Ringe: Die Ringe der Macht" geholfen hat, ist ein langer Weg, den nur sehr wenige gehen können. Wie bist Du dahin gekommen, wo Du jetzt bist? Man schnippt nicht einfach mit den Fingern und wird dann spontan eingeladen, für Hollywood-Filmstudios zu arbeiten, oder?

Peter Baustaedter: Meine Suche nach Hardware mit besseren Möglichkeiten führte mich Ende 1992 zu einer Postproduktionsfirma in Wien. Das war ein paar Monate nachdem ich die Kunsthochschule abgeschlossen hatte.

■ Fish von Peter Baustaedter – eine seiner Arbeiten für die Amiga-Demoszene

Etwa zur gleichen Zeit arbeitete ich an dem Amiga-Spiel „Whale's Voyage".

Es war mein erster richtiger Job und ich arbeitete mit einer alten Quantel Video Paintbox V1, was ein großartiger erster Schritt in die Industrie war. Etwa sechs Monate später wechselte ich zu einer Tochterfirma dieses Postunternehmens.

Dort gab es Quantel Graphic Paintboxes im Wert von einer Million Dollar, und es wurden Druckarbeiten für die Werbung gemacht. Diese Paintboxes waren erstaunlich – 1992 konnten sie fast 5K in Echtzeit verarbeiten.

Nachdem ich bis Anfang 1994 für sie gearbeitet hatte, musste ich zum Österreichischen Bundesheer. Es war und ist immer noch Pflicht und ich konnte es nicht länger hinauszögern. Während ich acht lange Monate im Dienst war, las ich einen Artikel über James Camerons neue VFX-Firma namens Digital Domain.

Die beiden anderen Gründer waren Scott Ross und Stan Winston. Winston hat den „Predator" und alle prothetischen Effekte für den „Terminator" und viele andere berühmte Effekt-Kreaturen entworfen.

Arnold Schwarzenegger sorgte für die richtigen Kontakte

Ein guter Freund meines Vaters war mit Arnold Schwarzenegger befreundet, und ich wusste, dass er auch Stan Winston kannte.

Als ich hörte, dass unser Freund wieder nach L.A. ging, gab ich ihm mein Portfolio und er versprach mir, es Stan zu bringen. Das tat er dann auch. Ein paar Wochen später rief mich meine Mutter an und sagte, sie hätte ein Fax „... aus Amerika!". Die Nachricht lautete im Wesentlichen: „Lieber Peter, wir lieben deine Arbeit und wenn du alles selbst bezahlst, kannst du gerne Praktikant bei Digital Domain werden".

Also verkaufte ich alles, was ich besaß, und kam Anfang Januar 1995 in Los Angeles an.

■ Peter Baustaedter (ganz links) im Jahr 1991 mit zwei Bekannten auf einer Demoparty in Ungarn

Damit begann eine Karriere, die ich bis heute fortsetze und die mich an Orte wie LA, San Francisco, Hawaii, Neuseeland, Australien, Malaysia, Ungarn, Großbritannien und einige andere geführt hat.

Lotek64: Haben Dir die Erfahrungen, die Du als Künstler in der Demoszene gesammelt hast, bei Deiner beruflichen Laufbahn geholfen?

Peter Baustaedter: Meine Zeit in der Szene, insbesondere auf dem Amiga, hat mich direkt zu meiner Karriere geführt. Ohne mein kleines Pixel-Portfolio hätte ich meinen ersten Job nicht bekommen.

Allerdings war ich etwas unfertig, als es darum ging, Profi zu werden. Dadurch, dass ich mit 16 Jahren so früh in der Szene aufgefallen bin, war ich sehr arrogant und dachte, ich sei der Größte. Das hat meiner Karriere definitiv geschadet und es hat Jahre gedauert, das wieder gutzumachen. Manche Leute würden sagen, dass ich immer noch eine Menge auszubügeln habe. HA HA! Wahrscheinlich haben sie Recht.

Lotek64: Warum arbeitest Du an Filmen und TV-Serien? Hast Du Dich beruflich nie für Computer-

spiele interessiert? Wäre das als Grafiker nicht der logische nächste Schritt gewesen?

Peter Baustaedter: Ich habe tatsächlich mit Computerspielen angefangen. Ich habe an einer ganzen Reihe von Spielen gearbeitet. An einigen, die nie veröffentlicht wurden, und an einigen, die tatsächlich veröffentlicht wurden. Ich war auch ein kleiner Mitbegründer von NEO Software – das Studio, das unter anderem „Whale's Voyage I & II" und „Der Clou!" produziert hat. Aber zur gleichen Zeit arbeitete ich schon an der Paintbox und ich mochte diese Arbeit. Vielleicht wäre ich jetzt viel reicher, wenn ich bei NEO Software geblieben wäre – aber um ehrlich zu sein, war ich damals 22 Jahre alt, und die oben erwähnten Persönlichkeitsmerkmale, gemischt mit einer gehörigen Portion Unreife, hätten mich wahrscheinlich sowieso vom Erfolg abgehalten.

Seitdem habe ich hier und da in der Spieleindustrie gearbeitet, aber das hat mich nur darin bestärkt, dass Film und Fernsehen das Richtige für mich sind.

Lotek64: John Walters hat auf LinkedIn Deine ästhetischen Prinzipien bei der gemeinsamen Gestaltung der Fernsehserie „Spartacus: War of the Damned" hervorgehoben. Was ist Dir besonders wichtig? Worin bestehen Deine visuellen Prinzipien?

Peter Baustaedter: „Spartacus" war meine erste Arbeit als VFX Art Director. Diese Rolle ist vor allem eine Kommunikationsrolle, die eine Brücke zwischen dem Art Department und dem VFX Department (VFX = Visual Effects) schlägt. [Das Art Department ist die Abteilung, die die Planung, Konstruktion, Ausstattung und Abstimmung der Bauten, Kulissen, Dekorationen, Requisiten und Kostüme eines Drehorts übernimmt, damit dieser in die Atmosphäre des Filmes passt. Der VFX Supervi-

sor, der Produktionsdesigner und die Produzenten entscheiden auf hoher Ebene über das visuelle Design und es ist meine Aufgabe, dies mit meinem Team in Bilder umzusetzen.]

Es gibt einige visuelle Grundprinzipien, die immer gültig sind, wie zum Beispiel die Elemente des visuellen Geschichtenerzählens. Diese bilden die Basis. Hinzu kommen der „Stil" und die Besonderheiten eines bestimmten Projekts – der Look.

Es gibt auch andere Überlegungen. Nun, es ist eine Sache, coole Bilder zu machen. Aber wenn sie die Geschichte nicht unterstützen oder für das Publikum schwer zu lesen sind, erfüllen sie ihren Zweck nicht.

Es gibt eine ganze Reihe von filmischen Konventionen, die man kennen sollte. Man muss auch wissen, wie man mit der Kamera umgeht, wie man Bilder kadriert (= Bildkomposition durch das Teilen eines Bildes in mehrere kleine Elemente). Tja, ein bisschen Schnittkenntnis kann auch nicht schaden.

Lotek64: Habt ihr später auch bei der Erschaffung von Mordor zusammengearbeitet? Sein Profil auf LinkedIn deutet zumindest darauf hin. In meinen Augen waren das zweifellos die spannendsten Szenen der ersten Staffel von „Der Herr der Ringe: Die Ringe der Macht". Aber nicht nur der actionreiche Untergang der alten Welt war faszinierend, sondern auch, wie Mordor danach aussah.

Peter Baustaedter: Ich habe über drei Jahre an der Produktion von „Die Ringe der Macht" mitgearbeitet und war an vielen visuellen Elementen beteiligt. Ich habe hauptsächlich mit dem Production Designer und dem VFX Supervisor zusammengearbeitet.

Während ich Konzeptillustrationen für einige Sequenzen anfertigte, arbeiteten wir hauptsächlich in der Unreal Engine, um Sets an Drehorten zu erstellen, VFX-Set-Erweiterungen zu erstellen und VFX-Umgebungen zu entwickeln. Ich half auch bei der Referenzfotografie und Photogrammetrie und durfte sogar ein ganzes Set entwerfen.

John war Teil des Matte-Painting-Teams bei Weta FX. Weta bekam unsere Konzepte und machte dann die endgültigen Aufnahmen.

■ Eines von Peters persönlichen Gemälden, inspiriert von seiner Arbeit an Avatar

Mein Team hat auch die Bilder für die letzten beiden Szenen der Staffel, in denen wir die Enthüllung von Mordor sehen, entworfen und erstellt.

Es war eine tolle Erfahrung, mit so vielen talentierten Leuten zusammenzuarbeiten.

Lotek64: Du warst an der Entstehung vieler bekannter Filme beteiligt. Darunter „Avatar", „Jumper", „Fantastic Four: Rise of the Silver Surfer", „Eragon", „X-Men: The Last Stand", „King Kong", „Sin City", „The Day After Tomorrow", „Der Herr der Ringe: Die zwei Türme", „Titanic", „Das fünfte Element", „Strange Days", „Apollo 13", um nicht ansatzweise alle zu nennen. Die Liste ist schier endlos. Von Deiner Ausbildung und Kreativität ganz zu schweigen. Was macht einen VFX Art Director erfolgreich? Was ist das Wichtigste in der Praxis? Der Teamgeist? Also die Fähigkeit, trotz aller Unterschiede mit anderen zusammenzuarbeiten, um eine Vision auf Film zu bannen? Oder ist es eher die Disziplin und das Durchhaltevermögen, um am Ball zu bleiben, auch wenn mal etwas schiefläuft?

Peter Baustaedter: Das ist eine sehr interessante Frage. Zunächst möchte ich erwähnen, dass ich bei den meisten der oben genannten

Filme als „Matte Painter" tätig war. Also jemand, der Umgebungen erschafft, die in Wirklichkeit unmöglich zu drehen wären.

Künstlerisches Talent und technisches Geschick sind die Basis, ebenso wie Disziplin und Durchhaltevermögen.

Teamgeist ist immer gefragt – ein Teamplayer zu sein, was mit der bereits erwähnten Kommunikationsfähigkeit einhergeht. Oft muss ich zwischen zwei Abteilungen „vermitteln" – niemand darf das Gefühl haben, dass es eine Agenda gibt, die eine andere Abteilung bevorzugt.

Seit 2011 bin ich mit Unterbrechungen VFX Art Director. Mit Unterbrechungen deshalb, weil nicht jede Produktion diese Rolle braucht oder bereit ist, sie zu unterstützen.

Meistens bin ich als VFX-AD auf der Produktionsseite tätig, das heißt, ich beginne mit der Vorproduktion, bin während des Drehs an Bord und komme dann in die Postproduktion. Ich erwähne das, weil es einen Unterschied zwischen dieser Rolle und einem VFX-AD gibt, der in einem VFX-Studio arbeitet.

Die wichtigste Fähigkeit ist es, ein guter Kommunikator zu sein. Der VFX-AD arbeitet mit verschiedenen Abteilungen zusammen – die wichtigsten sind die Grafikabteilung und die Visual Effects-Abteilung. Er arbeitet auch mit dem Kameramann, der Lichtabteilung, der Produktion, der Modellabteilung, der Bildhauerabteilung, den Drehorten und vielen anderen zusammen.

Vor allem aber muss einem die Arbeit Spaß machen. Es ist ein interessanter Job, aber die Arbeitszeiten können lang sein, es kann stressig sein, wenn man es zulässt, und man arbeitet oft getrennt von seiner Familie. Wenn Du nicht liebst, was Du tust, wirst Du Dich schnell fragen: „Warum tue ich das?"

Lotek64: Was hast Du in der Szene vorher gelernt? Auch in einer Demogruppe hat man manchmal mit den verrücktesten Typen zu tun. Vor allem die Programmierer sind manchmal echt abgedreht. Das war sicher sehr lehrreich für Deine spätere Karriere, oder?

Peter Baustaedter: Meine Arbeit in der Szene hat mich auf den Geschmack gebracht, bildender Künstler zu werden. Sie ermöglichte es mir, zu forschen und zu experimentieren, und brachte mich dazu, einen Job in der Branche zu suchen, in der ich jetzt arbeite.

Die meisten Programmierer, mit denen ich gearbeitet habe, waren sehr nett und geduldig – ich glaube, ich war eher der verrückte Typ. HA HA!

Aber ich habe mit Hans gearbeitet und er war wirklich außergewöhnlich. Er war superschlau und ein ausgezeichneter Programmierer. Hans hat seinen Code so optimiert, dass er manchmal nur auf seinem eigenen A500 lief.

Er machte ständig verrückte Sachen und hatte eine ausgeprägte hinterhältige Ader in seinem Charakter. Als ich in die Postproduktion wechselte, verloren wir schnell den Kontakt. Dann hörte ich, dass er psychedelische Drogen entdeckt hatte und in Nepal oder so unterwegs war. Ich frage mich, was er heute macht.

Vielleicht hat mich das auf zukünftige Begegnungen vorbereitet. Aber ich muss sagen, dass die meisten Crewmitglieder absolute Profis sind, mit denen man wunderbar zusammenarbeiten kann und die wirklich gut sind in dem, was sie tun. Wie in jedem Job gibt es manchmal Ausreißer, aber eines meiner Credos ist, dass ich mit (fast) jedem zusammenarbeiten kann.

Lotek64: Ich habe gesehen, dass Du in Deiner Freizeit „zum Spaß" pixelst. Brennt es Dir nicht in den Fingern, wieder an der Produktion einer spannenden Demo mitzuwirken? Oder gehört das einfach der Vergangenheit an?

Peter Baustaedter: Ja, das wäre schön, und ich habe auch schon diverse kleine Sachen für Demos geliefert. Aber da ich momentan mit Arbeit und Familie sehr beschäftigt bin, muss ich pixeln, wenn es die Zeit erlaubt – und das ist ziemlich selten. Deshalb mache ich die meisten Sachen aus Spaß und nicht für Demos, da ich normalerweise jeden Termin verpasse, den ich bekomme.

Lotek64: Noch eine Frage ziemlich kurz vor Schluss: Bist Du verheiratet? Hast Du Kinder? Es ist wahrscheinlich nicht so einfach, mit jemandem zusammen zu sein, der so beschäftigt ist, oder?

Peter Baustaedter: Ja, ich bin mit einer wunderbaren Kiwi-Frau verheiratet und wir haben zwei Kinder, fünf und sieben Jahre alt. Eine Familie zu haben, ist für fast jeden eine Herausforderung, würde ich sagen.

Meine Frau unterstützt mich sehr in meinem anspruchsvollen Job, der nicht nur viel Arbeit mit sich bringt, sondern mich auch manchmal monatelang von zu Hause fernhält. Letztes Jahr habe ich insgesamt 5 Monate in Großbritannien verbracht, das so weit von Neuseeland entfernt ist, wie es nur geht. Das war für uns alle hart.

Aber wie das so ist, wenn man freiberuflich arbeitet, kann es passieren, dass ich eine Weile ohne Auftrag und somit dann die ganze Zeit zu Hause bin und alle nerve.

Lotek64: Wie gut achten die Unternehmen auf Deine Work-Life-Balance?

Peter Baustaedter: In einem Job wie diesem muss man auf sich selbst aufpassen. Die Hersteller sind in der Regel sehr auf Gesundheit und Sicherheit bedacht und tolerant gegenüber den Lebensumständen der Menschen.

Die allgemeine Lebensbalance und Gesundheit liegt jedoch in meiner eigenen Hand. Ich achte darauf, dass ich mich täglich bewege und dass ich Dinge esse, die einigermaßen gesund sind. Das ist viel einfacher, wenn man von zu Hause aus arbeitet, als wenn man irgendwo in einem anderen Land ist.

Bei meiner letzten Produktion wurde mein Büro direkt neben die Büroküche verlegt, die mit schrecklichen Snacks gefüllt war – mir ging es nicht so gut. Ich arbeite gerade daran, mein Gewicht zu reduzieren.

Lotek64: Die Verlockung war sicher allgegenwärtig, ich kann es mir gut vorstellen. Und was wirst Du tun, wenn Du das Rentenalter erreichst? Kannst Du Deine Füße stillhalten und einen Drink am Meer genießen? Oder würdest Du lieber mit den Enkelkindern spielen? Alternativ könntest Du

auch mit Deinem Rollator oder Deinen Krücken in 15 Jahren zu einer Demo-Party kommen, gell?

Peter Baustaedter: Ich möchte in diesem Beruf arbeiten, bis ich genug davon habe, und wer weiß, wann das sein wird. Ich muss einfach fit und gesund bleiben. Wenn die Zeit gekommen ist, in den Ruhestand zu gehen, freue ich mich darauf, all die oben genannten Dinge zu tun und noch mehr.

Ich habe viele alte Amigas und andere Geräte (natürlich sind zumeist Computer gemeint), die meine Aufmerksamkeit brauchen würden. Und ich kann mir vorstellen, dass ich darauf dann regelmäßig Farbe und Pinsel hervorholen würde.

Lotek64: *Peter, vielen Dank für die tiefen Einblicke und ausführlichen Antworten. Wir wünschen Dir weiterhin viel Erfolg und dass das nächste Büro nicht wieder neben der Kantine liegt.* ∎

Das Interview erschien zuerst auf tarnkappe.de und wird hier mit freundlicher Genehmigung des Autors veröffentlicht, dessen Dank Norbert Konieczny aka Norby/ex-TRSI gilt.

Weiterführende Links

Profil in der C64 Scene Database (CSDb):
https://csdb.dk/scener/?id=29227

LinkedIn:
https://www.linkedin.com/in/peter-baustaedter-3499/

IMDb:
https://www.imdb.com/name/nm0062489/

Galerie mit Amiga-Grafiken:
http://artcity.bitfellas.org/index.php?a=artist&id=959&p=0

Quizfrage
Was haben diese drei Spiele gemeinsam?

Antwort im hinteren Teil dieser Ausgabe.

Helicopter Mission

Dieses Werbespiel des Bundeswehr aus dem Jahr 1994 wirkt heute in mancher Hinsicht steinzeitlich.

von Simon Quernhorst

1994 erschien mit „Helicopter Mission" ein Werbespiel für die Bundeswehr. Bevor man jedoch in die – recht ruhigen und eher gemütlichen Missionen – einsteigen kann, gilt es zu Programmstart einige Fragen zu beantworten. Aus heutiger Sicht steinzeitlich wirkt dabei das Vorgehen des Programms bezüglich der Selektion des Co-Piloten. Denn wenn man sich erdreisten sollte, den weiblichen Character zu selektieren, zeigt das Spiel zunächst eine Textseite über die möglichen Bundeswehraufgaben für weibliche Soldaten: den Sanitäts- sowie den Militärmusikdienst. Anschließend ändert

das Spiel dann die Wahl automatisch auf den männlichen Co-Piloten.

Und dass mittels dieses Werbespiels auch eigentlich gar keine Bewerbungen von Frauen gesucht wurden, erkennt man auch an dem beiliegenden Formular zur Anforderung von Informationsmaterial: eine Auswahl des Geschlechts oder der Anrede gibt es schlicht nicht.

Hersteller war die Reutlinger Firma Rauser Computer Advertising GmbH im Auftrag des Bundesministeriums der Verteidigung. Besonders schön finde ich übrigens das gedruckte

■ Das Originalspiel

Bundeswehrlogo auf dem Metallschlitten der Diskette, denn dies könnte man als Symbol der schützenden Funktion interpretieren.

Einige Jahre nach dem Erscheinen des Spiels, ganz präzise zum Start des neuen Jahrtausends am 1. Januar 2001, wurden dann alle Laufbahnen der deutschen Bundeswehr uneingeschränkt für Frauen geöffnet. ∎

■ Ist diese Wahl wirklich frei?

■ Die bittere Wahrheit…

■ …und die despotische Konsequenz.

SIDOLOGIE

Die famose Klangwelt des Commodore 64 anhand zweier konkreter Beispiele aus dem goldenen Zeitalter und der Neuzeit des SID-Chips.
von Martinland

Wiederum ist viel zu viel Zeit verstrichen, so möchte ich denn endlich zu den Feierlichkeiten des 64. Lotek64 etwas Besonderes beisteuern; nämlich zwei moderne SID-Stücke aus der Vandalism News Nr. 72 vom Vorjahr, die mich nun eineinhalb Jahre lang (!) begleitet und beglückt haben und welche ich die Freude hatte, erneut bei Back in Time Live in Bergen zusammen mit Glenn Rune Gallefoss auf der Bühne, aber auch in Österreich samt Commodorianern, mit dem Theremin zu umspielen.

Sunkissed (2022)
geschaffen von **Youth & Yavin alias Michel de Bree & Marvin Severijns**: Man stelle sich vor, dies (dazu tanzend!) mit Kopfhörern auf sonnendurchfluteten Flughäfen und Bahnhöfen am Weg zu bzw. von Demoszeneveranstaltungen oder vor einem Hotel im morgendlich-sonnigen Budapest zu vernehmen. Hoffentlich kommt bei mehrmaligem Anhören (natürlich im Loop) dieses extrem glückliche und sonnige Gefühl auf, welches ich, auch dank der raffiniert eingewobenen Begleiteinwürfe und herrlichen zwei Hauptmelodien vor und nach dem B-Teil, immer wieder und wieder erleben durfte. Himmlisch!
http://csdb.dk/sid/?id=60840

Vandals Waltz (2022)
geschaffen von **Laxity alias Thomas E. Petersen**: Alles oben anfangs Gesagte gilt auch hier, doch fulminant jazziger. Loopt nicht! ;)
http://csdb.dk/sid/?id=60706

International Karate (C64)

System 3 wurde 1984 von Mark Cale, Emerson Best und Michael Koo gegründet. Nach kleineren Erfolgen war die junge Firma auf der Suche nach Ideen für den richtig großen Hit. Emerson Best war Kämpfer im britischen Taekwondo-Nationalteam und dies inspirierte die Firma zur Entwicklung eines Kampfsportspiels. Doch die Entwicklung lief vollkommen aus dem Ruder.

von Simon Quernhorst

Die Spectrum-Version war schlecht, die C64-Version unfertig, Michael Koo und Emerson Best verließen die junge Firma. Trotzdem wird das Spiel auf der jährlichen Personal Computer Show 1985 mit echten Karate-Kämpfern und leicht bekleideten Hostessen beworben, sodass sogar ein Verweis vom Messegelände erfolgte. Erst anschließend stieß der britische Programmierer Archer MacLean zum Projekt „International Karate" hinzu. Die Steuerung wurde perfektioniert und die legendäre Musik von Rob Hubbard eingebaut. Activision hatte die Chance, das fertige Spiel in den USA zu vertreiben, lehnte es aber als „...typischer europäischer Mist..." (Zitat aus Retro Gamer Spezial 2/2017, Seite 218) ab, sodass schließlich Epyx das Spiel unter dem Namen „World Karate Championship" in Nordamerika veröffentlichen durfte.

Leider führte diese US-Veröffentlichung dann aber zu einem langwierigen Rechtsstreit: Data East verklagte Epyx wegen Plagiatsvorwürfen zum eigenen Arcadespiel „Karate Champ" von 1984. Nicht nur die Sportart, sondern sogar die Spielerfarben, das Punktesystem sowie der Schiedsrichter wären lediglich kopiert. Das Gericht urteilte zunächst für Data East, nach einer Revision dann aber, dass die Ähnlichkeit in der Natur der Sportart liegen würde und derartige Vergleiche bei Spielen zur gleichen Sportart unumgänglich wären.

Ist es eher „International Taekwondo"?

Das Spiel bietet sieben Funktionen für Tritte, drei verschiedene Sprünge, aber nur drei unterschiedliche Schläge. Dieses Ungleichgewicht zwischen Tritten und Schlägen sowie der frühe Einfluss von Emerson Best lässt an der tatsächlich simulierten Sportart zweifeln, denn die dynamischere Beintechniken entstammen eher dem Taekwondo während Karate sehr viel mehr Schlagtechniken verwendet. Natürlich haben die Sportarten historisch und geografisch immer wieder Einfluss aufeinander gehabt, aber die Unterschiede sind bis heute ersichtlich. Während das japanische Karate

■ Drei Versionen von IK+ aus drei Jahrzehnten

sich mit „leere Hand" übersetzen lässt, steht das koreanische Taekwondo für „Hand-Fuß-Weg". Den im Spiel sehr effektiven Fußfeger (Ashi-Barai) gibt es hingegen nur im Karate.

Kommen wir nun kurz zur Spielmusik von Rob Hubbard. Denn wie bei einigen anderen Spielen (z. B. Artikel zu Last Ninja 2 in dieser Ausgabe), wurde auch „International Karate" sehr von einem anderen Lied inspiriert. Ab etwa Sekunde 42 erkennt man das Lied „Forbidden Colours" (ab Sekunde 58) des japanischen Komponisten und Schauspielers Ryuichi Sakamoto wieder, welches auch in dessen Film „Merry Christmas, Mr. Lawrence" von 1983 verwendet wurde.

Die einseitige Originaldiskette des C64-Spiels startet mit einem kleinen Menü, in dem

■ Man kann es bis zum Umfallen spielen.

man mit den Tasten A und B entweder „Game 1" oder „Game 2" aussuchen kann. Der einzige Unterschied besteht dabei in den enthaltenen vier Hintergrundbildern. Game 1 enthält die Oper im australischen Sydney, die Skyline

Undokumentierte Tastenkombinationen

Während die vier F-Tasten in der Anleitung der C64-Version erklärt werden und die Anzahl der Spieler und den Soundoptionen steuern, sind folgende Tastenkombinationen undokumentiert:

■ Ein gleichzeitiger Druck auf die Tasten E und S zeigt die Warteanimation der Kämpfer.

■ Ein gleichzeitiges längeres Halten der Tasten A, D, Z und M wechselt die Ortsgrafik.

■ Und mit Taste X in Kombination mit den Zahlentasten 1, 2, 3 oder 4 lässt sich sogar die Spielgeschwindigkeit verändern.

von New York, die Verbotene Stadt in Peking sowie den Berg Fuji in Japan, während Game 2 die Pyramiden in Ägypten, Rio de Janeiro, die Szenerie an der Londoner Themse, sowie die Akropolis in Athen zeigt. Bei Raubkopien kursierten diese beiden Versionen damals oft als „International Karate I" und „II", obwohl es tatsächlich nur eine gemeinsame Kaufversion des Spiels gab. Einen Nachfolger namens „International Karate 2" hat es indes nie gegeben, als Nachfolger erschien ab 1987 nämlich direkt das geniale „IK+" für verschiedenste Systeme, so auch im Jahr 1994 für das Amiga CD32 und sogar im Jahr 2003 noch für Sonys PlayStation.

Im Jahr 2000 veröffentlichte Studio 3 „International Karate 2000" für den Game Boy Color sowie im Jahr 2004 „International Karate Advanced" für den Game Boy Advance. Im Magazin „Club Nintendo" erschien in Ausgabe 01/2001 sogar ein Beitrag in der Rubrik „Aktuelle Hits", hier wurde „International Karate 2000" in einer Reihe mit Pokémon und Donkey Kong Country vorgestellt. Zuletzt wurde International Karate dann 2004 auf dem C64-DTV (allerdings nur in der NTSC-Version) sowie 2008 auf Nintendos Wii Virtual Console veröffentlicht....

▪ Die beiden Versionen für Game Boy

Aufgrund seiner Schnelligkeit und Dynamik wäre Taekwondo eigentlich ein würdiger Namensgeber für Videospiele, aber dessen sperrige Bezeichnung sowie die mediale Präsenz der Konkurrenten Karate und des chinesische Kung Fu („etwas durch harte, geduldige Arbeit Erreichtes") haben auch bei Spielen stets diese bevorzugt. So findet man tatsächlich nur sehr wenige Taekwondo-Spiele, für den Amiga „Taekwondo" (1988, Anco) und „Super Taekwondo Master" (1995, Mirage) sowie „Taekwon-Do" (1994, Human) für das japanische Super Famicom (bei uns „Super Nintendo Entertainment System"). Nur Judo (Japan, „sanfter Weg") wurde bei Computerumsetzungen, vermutlich aufgrund seiner eher schlecht simulierbaren Hal-

▪ Selbst das Nintendo-Magazin ist begeistert.

te- und Wurftechniken, ähnlich stiefmütterlich behandelt. Immerhin gibt es Martechs „Uchi Mata" (1986, für C64, CPC, ZX Spectrum, MSX) – übersetzt ist das übrigens der Innenschenkelwurf – sowie die beiden japanischen Spiele „Judo Senshuken" (1988, für Famicom Disk System) und „Moero!! Judo Warriors" (1990, für Famicom) der Firma Jaleco. ▪

Anmerkungen zum Soundtrack von The Last Ninja 2

Inspirationen und Anleihen

Einer der populärsten C64-Soundtracks ist sicherlich „Last Ninja 2" von Matt Gray aus dem Jahr 1988, welcher durch hervorragende und sehr unterschiedliche Stücke die dichte Atmosphäre des Spiels perfekt unterstützt. Besonders gelungen sind auch die kürzlichen Remix-Veröffentlichungen als CD, Download und Schallplatte im Rahmen von Grays Projekt „Reformation".

von Simon Quernhorst

■ Spiel sowie Soundtrack auf Vinyl und CD

Beim Durchhören des Reformation-Soundtracks bemerkte ein Kumpel, dass sich einige Stücke sehr nach der deutschen Gruppe „Tangerine Dream" anhören würden. Diese Band wurde bereits 1967 gegründet und gilt als Pionier auf dem Gebiet der elektronischen Musik. Tatsächlich offenbart sich bei Track 10 „The Office Main Theme" eine sehr starke Ähnlichkeit zum Stück „Midnight in Tula" vom Tangerine-Dream-Album „White Eagle" (1982). Gleiches gilt für Track 12 „The Mansion Main Theme" welches auf dem Tangerine-Dream-Lied „Alchemy of the Heart" von der Veröffentlichung „Tyger" (1987) basiert. Derselbe Track läuft übrigens auch im letzten Level „Final Battle" des Spiels. Bei sieben Ladesequenzen und sieben Levels hätte man eigentlich 14 verschiedene Musikstücke erwartet, enthalten sind im Spiel und auf dem Soundtrack jedoch nur 13. Am Rande sei noch bemerkt, dass der Level „The Mansion" zwar im Ladebild und auch auf dem Soundtrack so heißt, auf dem Startbildschirm des Levels steht jedoch die abweichende Bezeichnung „Mountain Hideaway". Textliche Unterschiede bestehen auch bei „The Street" und „City Streets" sowie „The Office" und „Office Block".

Zusätzlich erinnert Track 9 „The Office Loading Theme" auch sehr an das Lied „Beat Dis" des britischen Musikprojekts „Bomb the Bass" (vom Debut-Album „Into the Dragon" aus dem Jahr 1988). Vielleicht hat Herr Gray diese drei inspirierten Lieder damals bewusst in den späteren Levels platziert und angenommen, dass das Spiel so schwer ist und die Lieder bei den Kids so unbekannt wären, dass es nicht auffallen würde... Im Booklet des Soundtracks wird zwar auf die Umstände zur doppelten Nutzung des Tracks in „The Mansion" und „Final Battle" hingewiesen – weil damals nie eine Beauftragung seitens System 3 für ein vierzehntes SID-Stück erfolgt ist –, aber leider nicht über die offensichtlichen Anleihen der Stücke berichtet. ■

Letzter Level erreicht

Bubble Witch Saga 2

Beliebte Handyspiele kommen und gehen, nur an einem halte ich seit Jahren fest: Bubble Witch Saga 2 des britischen Herstellers King.com Ltd., der seit 2016 zum US-Konzern Activision Blizzard gehört.

von Simon Quernhorst

Bubble Witch Saga 2 ist ein kostenloses Logikspiel, in dem gleichfarbige Blasen aufgelöst werden müssen. Es basiert auf den Videospielahnen „Bust-a-Move" bzw. „Puzzle Bobble" der japanischen Firma TAITO aus dem Jahr 1994, deren Nachfolger auch weiterhin auf jeweils aktueller Hardware erscheinen, zuletzt „Puzzle Bobble 3D: Vacation Odyssey" im Jahr 2021 für PS4 und PS5. In Bubble Witch Saga 2 gilt es verschiedene Levelziele zu erreichen, entweder ist die oberste Blasenreihe zu vernichten, Tierblasen zu befreien, einen Geist als Mitte eines drehenden Blasenlevels freizulegen oder Gegnerfelder mit passenden Blasen zu treffen. Je mehr Blasen man auflöst, Kombinationen schafft und Bonuspunke ergattert, desto höher fällt die Level-Punktzahl aus.

Als Spielernamen wählte ich damals „Puzzle Bobble" und immer, wenn etwas Zeit ist, spiele ich ein paar Level. Wichtig ist es mir, die Level stets ohne kostenpflichtige Extras zu absolvieren. Durch Zusatzmissionen kann man innerhalb des Spiels auch kostenlose Extras erhalten und diese für spätere Level einsetzen, z. B. Feuerblasen, zusätzliche Blasen, Explosionen. Während die ersten Level noch sehr einfach sind, steigert sich der Schwierigkeitsgrad

nach und nach. Spätestens ab dem Tausenderbereich der Levelnummer geht es hauptsächlich darum, welche Extras man am besten in welchen Levels zum Einsatz bringt, denn mit den Standardblasen sind die Level nur bei sehr günstigen Konstellationen des farblich oft zufälligen Levelaufbaus zu schaffen. Außerdem sollte man gewisse Reihenfolgen, Flugwinkel, Wahrscheinlichkeiten und Drehrichtungen beachten. Wenn man dann noch eine kleine Liste führt, in welchen vorherigen Levels man idealerweise die einzelnen Zusatzmission leicht erledigen kann, um Extras zu erhalten, kommt man recht schnell vorwärts.

Auf diese Weise bin ich nun im (vorläufig) letzten Level 6850 angekommen und immer, wenn man den jeweils letzten Level geschafft

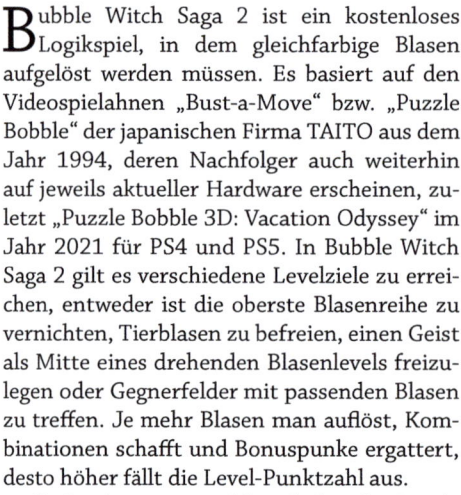

hat, erscheint ein Hinweisfenster mit dem Text „Neue Levels in Arbeit …". Auf der Levelkarte steht jenseits des letzten Levels „Bald verfügbar …". Wöchentlich erscheinen – zuletzt meistens dienstags – stets 20 weitere Level, ein Ende ist nicht abzusehen. Für jeden Level wird eine Highscoreliste mit den Spielernamen der besten drei Ergebnissen geführt, seit einigen Levels wird mir dort nur noch mein Spielername angezeigt, somit scheint momentan kein anderer Spieler so weit gespielt zu haben...

Manche Level wurden im Nachhinein überarbeitet, um den Schwierigkeitsgrad anzupassen oder Designfehler zu korrigieren. So ist z. B. Level 1947 heutzutage deutlich einfacher

als in der ursprünglichen Version. Manche Level enthalten auch Überraschungen, wie den Smiley in Level 5887, oder Merkwürdigkeiten, denn in Level 5205 bekommt man komischerweise 119 Blasen, obwohl der Level nur etwa 20 Blasen erfordert. ∎

Computerprogramme in MAD und Fix und Foxi

Gedruckte Programme

*Neben Datenträgern (Disketten, Module, Kassetten, CDs, etc.)
waren gedruckte Programme in Zeitschriften eine häufig genutz-
te, wenn auch aufwändige, Quelle für neue Spiele und andere
Programme in den 1980er und frühen 1990er Jahren. Für auf-
wändigere Programme mussten stunden- oder manchmal sogar
tagelang sogenannte Listings abgetippt werden.*

von Simon Quernhorst

Anfangs noch ohne Eingabehilfen und de-
ren Prüfsummenberechnung war es im-
mer auch ein Glücksspiel, ob die abgetippten
Programme dann überhaupt korrekt liefen.
Und auch die Setzer in den Verlagen hatten oft
genug Probleme mit den Programmen, so dass
manche gedruckten Programme schon vom
Verlagshaus aus nicht funktionieren konnten.
Bekannt waren derartige Listings vor allem für
Computermagazine, bei uns z. B. 64'er, Happy

Computer, RUN, Homecomputer, Computro-
nic, etc. Allerdings gab es auch andere Publi-
kationen, die Programme abgedruckt haben...

Im Jahr 1988 veröffentlichte das deutsche
Magazin „Fix und Foxi" aus dem Erich Pabel
Verlag einen mehrteiligen BASIC-Kurs für den
Commodore 64. In Ausgabe 16/1988 erschien
zusätzlich auch „Das kürzeste BASIC-Spiel": in
acht Zeilen wurde ein kleines Reaktionsspiel
realisiert. Interessanterweise wurde im Listing

■ Schnell abgetippt: das F&F-Spiel

PROFI-TIP: Das kürzeste BASIC-Spiel

**Kurzbeschreibung für das kürzeste BASIC-Spiel auf eurem C 64:
Der Spieler (der weiße Punkt in der ersten Bildschirmzeile) muß
versuchen, den Sternen auszuweichen. Ihr könnt mit der Z-Taste
nach links und mit der M-Taste nach rechts lenken. Viel Spaß!**

```
 5 INPUT"SCHWIERIGKEITSGRAD (1–5) ";S:IFS<1 OR S>5THEN5
10 X=20:SC=0:?"<SHIFT/CLR>"
20 FORI=1 TO S:SC=SC+1:?TAB(INT(RND(1)*40))"*";:NEXT:?
30 IFPEEK(1024+X)=42THEN70
40 POKE1024+X,81:GETA$:IFA$="M"ANDX<39THENX=X+1
50 IFA$="Z"ANDX>0 THENX=X–1
60 GOTO20
70 ?"<SHIFT/CLR>CRASH !!!!! PUNKTE :"SC
```

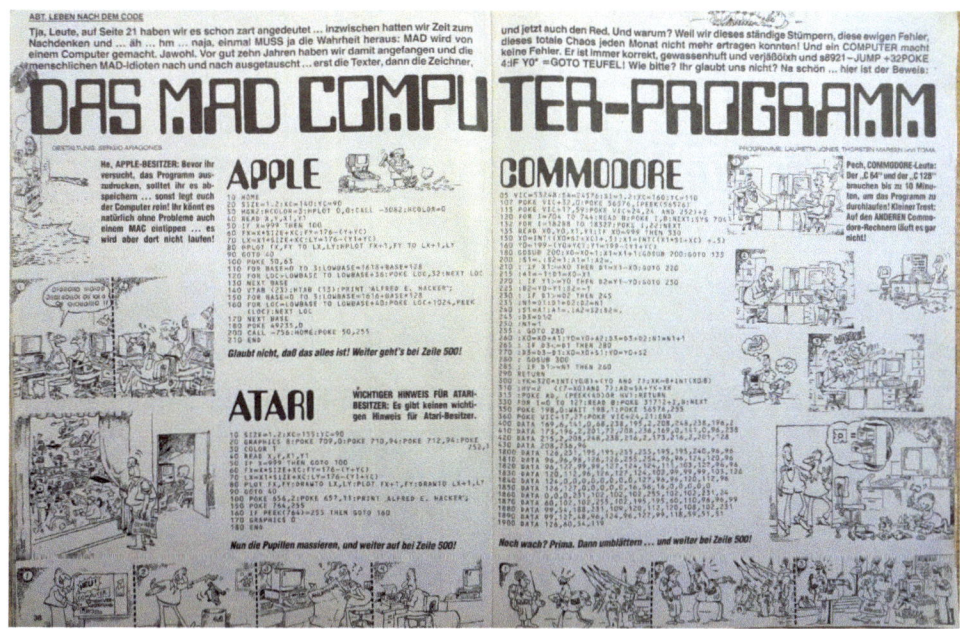

■ Listings strikt alphabetisch: Apple, Atari, Commodore…

der Befehl „PRINT" durch das „?" abgekürzt, obwohl im darüberstehenden BASIC-Kurs auf derselben Seite stets „PRINT" verwendet wird.

Noch kurioser – und technisch wirklich beachtenswert – ist das „The MAD Computer Program". Es erschien im Oktober 1985 auf vier Seiten der amerikanischen Ausgabe 258 des Magazins MAD. Das BASIC-Programm erschien für Apple-, Atari-, Commodore- und IBM-Computer. Dazu wurden systemspezifische Programmzeilen sowie ein gemeinsamer Daten-Teil (ab Zeile 500) verwendet, welcher auf einer Doppelseite den Großteil des Programms ausmachte. Als Designer und Programmierer des amerikanischen Beitrags werden „Lauretta Jones and Toma" genannt. Lauretta Jones ist eine Grafikdesignerin aus New York. In der BBC-Sendung „Micro Live" von 1984 wird ein Interview mit ihr geführt, bereits zu diesem Zeitpunkt

arbeitet sie mit einem Grafiktablett an einem Apple-Computer und spricht von ihrer Tätigkeit für verschiedene Magazine. Insofern kann man davon ausgehen, dass sie auch die Grafik für das MAD-Programm auf diese Weise gestaltet hat. Bei den bisherigen Arbeiten auf ihrer Website (www.laurettajones.com) hat sie auf eine Erwähnung des damaligen MAD-Programms verzichtet. In Deutschland erschien der übersetzte MAD-Artikel, ebenfalls auf vier Seiten und mit den identischen Cartoons am Rand, im Mai 1986 in MAD-Magazin 205. Hier wird zusätzlich zu den beiden vorgenannten Autoren auch noch „Thorsten Marsen" genannt. Eine deutsche Wiederveröffentlichung fand etwas später in „MAD EXTRA Nr. 42" statt. Das MAD-Programm erschien auch in anderen Ländern, so z. B. noch im Jahr 1991 im brasilianischen Heft „MAD Especial 10: Desinformatica".

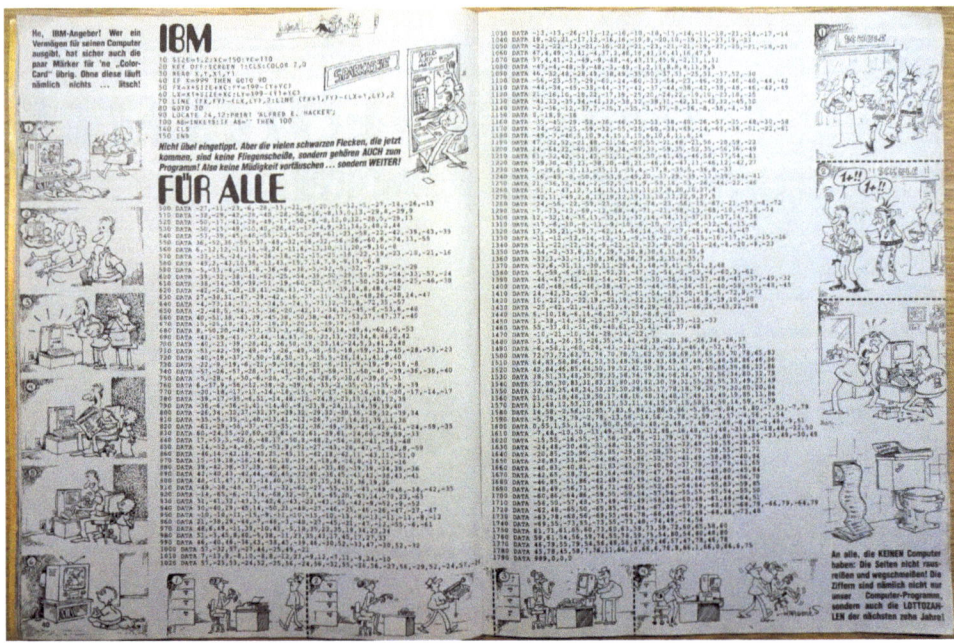

■ ... vor IBM und den gemeinsamen DATAs

Während die Apple-, Atari- und IBM-Programme sehr kurz ausfallen, ist das Commodore-Listing mit Abstand das längste und komplizierteste. Ursache ist, dass dem C64-BASIC Befehle für grafische Funktionen fehlen. Während die anderen drei Listings die vielen DATA-Werte einfach per PLOT-, HPLOT- oder LINE-Kommando zeichnen können, wird beim C64 die gesamte Berechnungslogik samt Zeichenroutine für die einzelnen Grafiklinien benötigt. Alle vier Programme zeichnen Linien auf den Monitor, die nach und nach das MAD-Logo sowie das Gesicht des MAD-Maskottchens Alfred E. Neumann (im US-Original übrigens Alfred E. Neuman) ergeben – ohne jegliche Interaktionsmöglichkeit.

Die Apple-, Atari- und IBM-Programme wurden für das deutsche Heft nahezu identisch vom US-Magazin übernommen, lediglich die kleinen Textausgaben „What, me worry?" wurden durch „Alfred E. Hacker" ersetzt und die Copyrightzeile (Apple Zeile 190, Atari Zeile 140, IBM Zeile 120) weggelassen. Das Commodore-Programm stellt sich jedoch vollkommen anders dar. Das US-Grundgerüst und die Berechnungen wurden zwar als Vorlage genommen, aber in der deutschen Version wurden komplett andere Variablennamen verwendet, die Farben geändert, der DATA-Bereich der Grafikausgabe „What, me worry?" musste ebenfalls durch eine andere Grafik ersetzt werden (Zeilen 1800 bis 1900). Der Programmierer der deutschen Version hat außerdem versucht, durch die Verwendung von Doppelpunkten am Zeilenanfang Einrückungen zur Strukturierung vorzunehmen. Markantester Unterschied ist jedoch, dass nur im deutschen Programm eine Subroutine in Maschinensprache

COMMODORE

```
10 V=53248:SA=24576:POKE 53280,15
15 SI=1,2:XC=160:YC=110
20 POKE 56576,(PEEK(56576) AND 252)+2
30 POKE V+17,59:POKE V+24,24
40 FOR I=17408 TO 18407:POKE I,47:NEXT I
50 FOR I=24576 TO 32767:POKE I,0:NEXT I
60 READ X1,Y1,X2,Y2
70 IF X1=999 THEN 120
80 FX=X1*SI+XC:LX=X2*SI+XC:FY=199-(Y1+YC):LY=199-(Y2-YC)
90 FX=INT(FX+0.5):LX=INT(LX+0.5):GOSUB 250
100 FX=FX+1:LX=LX+1:GOSUB 250
110 GOTO 60
120 FOR I=0 TO 119:READ B:POKE 32040+I,B:NEXT I
130 POKE 198,0:POKE 197,64:IF PEEK(197)=64 THEN 130
140 POKE 56576,PEEK(56576) OR 255
160 POKE V+17,27:POKE V+24,21
170 PRINT "[CLR/HOME]":POKE 214,9:PRINT:POKE 211,3
180 PRINT "COPYRIGHT 1985 E.C. PUBLICATIONS"
190 POKE 198,0:POKE 197,64:IF PEEK(197)=64 THEN 190
195 PRINT"[CLR/HOME]"
200 END
210 YO=320*INT(YP/8)+(YP AND 7):XO=8*INT(XP/8)
220 BV=2^((7-XP) AND 7):SM=SA+YO+XO
230 POKE SM,(PEEK(SM) OR BV)
240 RETURN
250 DX=LX-FX:DY=LY-FY
260 XP=FX:RX=FX:YP=FY:RY=FY:GOSUB 210
270 IF ABS(DY)>ABS(DX) THEN 330
280 IF DX=0 THEN RETURN
290 XI=DX/ABS(DX):YI=DY/ABS(DX)
300 XP=XP+XI:RY=RY+YI:YP=INT(RY+0.5):GOSUB 210
310 IF XP=LX THEN RETURN
320 GOTO 300
330 XI=DX/ABS(DY):YI=DY/ABS(DY)
340 RX=RX+XI:XP=INT(RX+0.5):YP=YP+YI:GOSUB 210
350 IF YP=LY THEN RETURN
360 GOTO 340
1800 DATA 66,66,66,90,90,90,126,36,66,66,126,66,66,66,66
1810 DATA 24,36,66,126,66,66,66,66,254,16,16,16,16,16,16
1820 DATA 0,0,0,0,0,96,96,192,0,0,0,0,0,0,0,0
1830 DATA 36,126,90,90,90,66,66,66,126,64,124,64,64,64,126
1840 DATA 0,0,0,0,0,0,0,66,66,66,90,90,90,126,36
1850 DATA 24,36,102,66,66,102,36,24,124,70,66,70,124,72,68,66
1860 DATA 124,70,66,70,124,72,68,66,66,66,102,36,24,24,24,24
1870 DATA 60,102,66,6,28,0,24,24
```

*Still awake? Good! Now go to line 500 on page 38 and
continue entering!*

- Ungleicher Bruder: das US-Commodore-Listing

enthalten ist. Diese liegt in den zusätzlichen
DATA-Zeilen 400 bis 430 und wird im Speicher
ab Adresse 704 abgelegt. Der SYS-Befehl in
Zeile 120 ruft diese Routine zum schnelleren
Initialisieren des Grafikscreens auf. Aufgrund
der ganzen Programmänderungen erscheint
die produzierte Grafik durch leicht veränderte
Linienausführung etwas anders auf dem Bildschirm, obwohl die identischen DATA-Werte
verwendet werden.

Leider erschienen beide C64-Listings nicht
fehlerfrei. In der US-Version wurde am Ende
von Zeile 80 ein „-" gedruckt, obwohl ein „+" benötigt wird. Dieser kleine Unterschied genügt
allerdings bereits, um das Programm vollkom-

men scheitern zu lassen. Und auch die Layou-
ter der deutschen Version waren nicht an das
Setzen von Programmen gewöhnt, so trägt die
erste Zeile die unsinnige Nummer „05". Kriti-
scher ist jedoch, dass das Ende von Zeile 107
einfach an das Ende von Zeile 115 umgebro-
chen wurde und somit beide Zeilen nicht mehr
funktionieren können. Außerdem fehlen in der
Mitte der Zeile 310 mehrere Zeichen, so dass
das Programm hier ebenfalls mit einem Syntax
Error abbricht. Hier wird das Potenzen-Sym-
bol benötigt, welches vielleicht den deutschen
Schriftsetzern nicht zur Verfügung stand. In
der amerikanischen Fassung wird in Zeile 220
ein Potenzen-Zeichen abgebildet, welches es so

nicht auf dem C64 gibt, denn hier wird dafür der Pfeil nach oben verwendet. In dem amerikanischen Apple-Programm (nicht jedoch in dessen deutschen Pendant) gab es auch zwei ungültige Zeilenumbrüche, diese waren zwar recht gut als solche zu erkennen, werden aber vermutlich trotzdem bei unerfahrenen Anwendern zu Problemen geführt haben. Das Abtippen der Programme, vor allem der C64-Version, wird also auf beiden Seiten des Atlantiks zu Frust geführt haben... Vielleicht hat jedoch auch kein Leser dem MAD-Magazin zugetraut, dass überhaupt etwas Vernünftiges bei dem Programm herauskommen würde.

Womit wir beim Stichwort Frust auch noch zur Ausführungsgeschwindigkeit kommen. Denn während z. B. das Apple-Programm in 40 Sekunden durchgelaufen ist, erwähnt das US-Magazin schon vorweg am Seitenrand, dass die Ausführung des Commodore-Programms satte 20 Minuten benötigen würde. Hier wird auch vorweggenommen, dass das Programm lediglich eine Grafik anzeigen wird. Durch die beschriebenen Änderungen in der deutschen Version, steht an dessen Seitenrand, dass „bis zu 10 Minuten" gebraucht würden. Tatsächlich benötigt die US-Version 16 Minuten und 10 Sekunden (NTSC) und die deutsche Version 10 Minuten und 20 Sekunden (PAL). Auf Diskette belegt das US-Programm 37 Blocks und dessen deutscher Abkömmling 38 Blocks. Leider kann sich der deutsche Co-Autor Thorsten Marsen nicht mehr an seine damalige Tätigkeit erinnern, er antwortete unserer Redaktion: „In der Tat, da war irgendwas. Aber, und das sehen Sie mir bitte nach, ich habe keine Ahnung mehr, um was es genau sich dabei handelte ;-)".

Als komisches Detail am Rand, wird auf der letzten Seite des deutschen Artikels die Zeitschrift „Happy Computer" als Klolektüre dargestellt. Und witzig ist auch, dass das amerikanische Heft die Leser noch aufforderte, einen Programmausdruck an „MAD Hackers Department, 485 MADison Avenue, New York NY 10022" zu senden. Zum damaligen Zeitpunkt war die „Madison Avenue" tatsächlich der Sitz der Redaktion. ∎

■ Das C64-Ergebnis der US-Version...

■ ...und das deutsche Pendant.

Konsolengeschichte

Hat INTEL eigene TV-Tennis-Konsolen hergestellt?

von Simon Quernhorst

Beim Aufräumen sind mir ein gutes Dutzend Pong-Konsolen aus den späten 1970er Jahren in die Hände gefallen. Über die Namen der meisten Hersteller habe ich mich nicht gewundert: Philips, Universum, Radofin, Interton, MBO, ITT, u. a. waren mir noch gut in Erinnerung. Gestutzt habe ich hingegen bei der Konsole „TV Super Sport 1006" mit dem Firmenlogo „INTEL". Dem Gerät lag auch eine Lichtpistole mit der James-Bond-ähnlichen Nummer „INTEL P-0077" bei. Die Konsole wurde hochwertig hergestellt und enthält deutlich mehr Metallbauteile und weniger Kunststoff als andere Geräte, aber hat wirklich der weltbekannte Chip-Hersteller Intel in den 1970er Jahren selbst diese Konsolen und Lightguns hergestellt?

Nein, es handelt sich lediglich um eine Namensgleichheit. Denn Hersteller der Videokonsolen war die deutsche „INTerELektronik GmbH", welche zwischen 1977 und 1979 zehn verschiedene TV-Sport-Konsolen veröffentlicht hat. Deren INTEL-Logo zeigt auch den offiziellen Zusatz „(R)" für „Registered Trademark", also eine registrierte Warenmarke für den Markenschutz. Im Internet finden sich unterschiedliche Schreibweisen des Firmennamens, z. B. Interelektronik KG, Interelektronik GmbH & Co. KG., INTER-ELEKTRONIK, jedoch als Adresse stets ein Firmensitz oder ein Postfach in München.

Das 1968 gegründete US-Unternehmen „Intel Corporation" leitet sich hingegen von „integrated electronics" ab und bezieht sich damit auf die Halbleiterherstellung. Den ersten 4-Bit-Prozessor namens 4004 brachte Intel 1971 heraus. 1972 folgte dann der erste 8-Bit-Prozessor 8008 und 1974 der Mikroprozessor 8080. In Deutschland ist Intel seit 1974 vertreten, damals wurde die Europazentrale von Brüssel nach München verlegt – somit waren die beiden Firmen INTEL und Intel sogar zeitgleich in München ansässig. Pong-Konsolen hat Intel nicht hergestellt, auch die in den INTEL-Konsolen enthaltenen Prozessoren kamen von anderen Herstellern, allermeist wurde der AY-3-8500 von General Instrument Corporation (GI) verbaut. Ironischerweise enthielten die INTEL-Konsolen also sogar Intel-Konkurrenzprodukte...

Vielen Dank an Florian Maislinger von Intel für die Klärung dieser Herstellerfrage. ∎

The Trap Door (C64)

Hungriger Herr, betriebsamer Pixel-Berk

Das 1986 erschienene Spiel „The Trap Door" des kleinen und kurzlebigen Londoner Softwarelabels Piranha gehört nicht zu den bekanntesten Spielen der 8-Bit-Ära, ist aber einen Versuch wert.

von Georg Fuchs

Das Spiel basiert auf der gleichnamigen britischen Knetfiguren-Kindersendung, die 1984 erstmals auf ITV ausgestrahlt wurde. Insgesamt gibt es 40 jeweils fünf Minuten lange Folgen, die in deutscher Übersetzung („Die Falltür") erst in den Jahren 1995 bis 1998 von RTL Plus ausgestrahlt wurden. Die Serie handelt von einem blauen Monster namens Berk, das im Keller eines Gruselschlosses lebt und dem „Wesen von oben" dient. Dieses Wesen, man bekommt es nie zu Gesicht, ruft immer nach Essen, das Berk ihm dann bringen

muss. Einige weitere Kreaturen bevölkern den Schauplatz, ein düsteres Schloss. Berks bester Freund ist der Schädel Boni, der auch im Spiel eine wichtige Rolle spielt.

The Trap Door erschien als Spiel auf den damals in Großbritannien gängigen Systemen Amstrad CPC, Spectrum und C64. Wie schon optisch erkennbar ist, wurde die ursprüngliche Fassung für den Spectrum programmiert und dann auf die beiden anderen Systeme portiert. Der Programmierer Don Priestley hat eine Reihe weiterer Spiele geschaffen, die durch ihre überdurchschnittlich großen Figuren auffallen (Flunky, Popeye – nicht zu verwechseln mit der Arcade-Fassung).

Berk, das blaue Monster, muss auch im Spiel für „The Thing Upstairs" Essen heranschaffen. Boni, der sprechende Schädel, hilft ihm dabei. Drutt, ein weiteres Wesen aus der Serie, ist dabei oft hinderlich. Es gibt zwei Spielstufen, „Learner Berk" und „Super Berk". Im schwierigeren Modus erscheinen Gespenster, die Berk in andere Räume schicken und die Erfolgsaussichten damit deutlich schmälern. Vollständig durchgespielt kann The Trap Door nur in der schwierigen Stufe werden.

■ In jeder Folge der TV-Serie versucht etwas, durch die Falltür zu kommen.

■ Der erste von vier Aufträgen

gar nicht erwähnt, dass es für alle Aufgaben ein enges Zeitlimit gibt.

Optisch ist The Trap Door sehr nett gestaltet. Die comichaften Charaktere sind zwar sehr ruckelig-langsam animiert, aber für den Standard von 1986 gut gelungen. Musikalisch bleibt das Spiel unauffällig, neben einer Titelmelodie mit Luft nach oben kaum der Rede wert. Es gibt lediglich ein paar Geräusche zur Untermalung der Handlung, meistens ist es im Spiel still.

The Trap Door ist ein ungewöhnliches und originelles Spiel aus der frühen Heimcomputerphase, technisch nicht überragend und ruckelig, aber voller netter Details und schwieriger Herausforderungen. 1988 erschien der Nachfolger „Through the Trap Door", der zwar ähnlich gestrickt wie das Original ist, aber von den meisten Spielern als weniger unterhaltsam empfunden wird. ■

Wie sehen nun die Aufträge des „Wesens von oben" aus? Insgesamt werden in fester Abfolge vier Speisen genannt, für die eine Reihe von Gegenständen eingesammelt und zubereitet werden müssen. Dafür wird Berk – die Animation ist etwas schwerfällig – durch die dunklen Verliese gesteuert und muss die richtige Zubereitung herausfinden. Boni hat dafür wertvolle Tipps auf Lager. Ist eine Speise fertig, muss sie per Aufzug nach oben geschickt werden. Gelingt das im schwierigen Modus bei allen vier Aufträgen, liefert das „Thing" einen Safe, der dann noch geknackt werden muss, um den Inhalt zu erhalten und das Spiel abzuschließen. Keine einfache Aufgabe! Dabei habe ich noch

■ Diese Würmer aus der Falltür könnte man ohne Schwierigkeiten fangen – würde nicht immer die gelbe Drutt (dt. Trudi) dazwischenfunken.

Die drei Mystique-Spiele (Atari VCS)

Die Serie Retro Treasures beschäftigt sich mit seltenen oder aus-gefallen Produkten der Video- und Computerspielgeschichte.

von Simon Quernhorst

Alle für einen: Die drei Mystique-Titel ∎

Was gab es nicht alles für Spiele für das Atari VCS, aber eine Sonderrolle nehmen auf jeden Fall die drei Spiele der amerikanischen Firma Mystique aus dem Jahr 1982 ein. Dahinter steckte die Firma American Multiple Industries, Inc. (AMI) und unter Zuhilfenahme des von Caballero Control Corp. lizenzierten Markennamens „Swedish Erotica" wurden folgende Spiele explizit für Erwachsene herausgegeben: Custer's Revenge (Artikelnummer 1001), Bachelor Party (1002) und Beat 'Em & Eat 'Em (1003) wurden für jeweils 49,95 US-Dollar und damit teurer als andere VCS-Module verkauft.

Inhaltlich wollte Mystique scheinbar direkt mit dem ersten Spiel ordentlich auf die Pauke hauen. Custer's Revenge nimmt durch Erwähnungen des Vor- und Nachnamens historischen Bezug auf den Unions-General George Armstrong Custer, der im Sezessionskrieg sowie den Indianerkriegen agierte und 1876 in der Schlacht am Little Bighorn von der überlegenen Indianermacht getötet wurde. Ebenfalls in dieser Schlacht sind übrigens auch seine Brüder Thomas Custer und Boston Custer umgekommen; dies könnte vielleicht auch der wahre Grund sein, warum man im Spiel nun tatsächlich drei Leben/Custer zur Verfügung

■ Box in Box: die Innenverpackungen

hat. Man bewegt einen lediglich mit Hut, Halstuch und Cowboystiefeln bekleideten, dauererregten Custer horizontal über den Bildschirm und weicht Pfeilen und Kakteen aus. Sollte der General die, an einen Marterpfahl gefesselte, indianische Frau am rechten Bildrand erreichen, kann er – wie es die Anleitung beschreibt – mit dem Feuerknopf „scoren". Der Programmierer des Spiels, Joel Miller, verleugnete diese Vergewaltigungsszene in einem damaligen Zeitungsartikel mit den Worten: „Er verführt sie, aber sie ist eine einvernehmliche Teilnehmerin" (Tageszeitung Ocala Star-Banner, Florida, 17.10.1982). Doch auch wenn die abstrakte VCS-Grafik zwar keine Fesseln zeigt, widerspricht der Programmierer eindeutig den Grafiken auf Box und Label, denn hier sind deutlich Stricke zu erkennen.

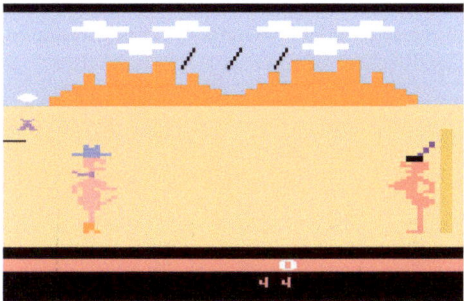

■ General Custer in übler Absicht

Die drei Spiele erschienen als NTSC-Versionen für den nordamerikanischen Markt, verständlicherweise gab es besonders wegen Custer's Revenge Proteste und Klagen von Frauenverbänden, Pornografiegegnern und Indianervertretern. Und selbstverständlich wurde das Spiel auch entsprechend schlecht bewertet. Als Hersteller der VCS-Konsole wurde auch Atari Inc. in die Kritik hineingezogen und unternahm deshalb ebenfalls rechtliche Schritte gegen AMI. Es ist schon bemerkenswert, dass ein gerade einmal vier Kilobytes großes Programm so viele Personengruppen gegen sich aufbringen konnte. Sicherlich gehörte die Provokation zum Kalkül der kleinen Firma AMI und hat natürlich auch zur Steigerung der Bekanntheit und damit auch entsprechender Nachfrage gesorgt. Der Lieferumfang jedes Spiels bestand aus einer Pappschachtel mit Klappdeckel, einer Garantiekarte, einem Kunststoffetui in Lederimitatoptik, dem Spielmodul und der Anleitung.

Überhaupt sind die Anleitungen eigentlich das Unterhaltsamste an den drei Spielen und einen genaueren Blick wert, denn sie beschreiben ausführlich und oft doppeldeutig sowohl das Spielgeschehen als auch die Motivation zur Entwicklung dieser Erwachsenenspiele. Beispielsweise erfährt man, dass man Bonusleben in Beat 'Em & Eat 'Em bei Erreichen der eher untypischen Punktzahl von 69 erhält. AMI betont in den Anleitungen auch die – angeblich – hohe Qualität von Grafik und Sound sowie die höheren Ansprüche an Erwachsenenspiele im Vergleich zu Kinderspielen. Dabei sind die drei Titel von Mystique spielerisch einfachster Bauart: Bachelor Party ist ein mit dem Paddle-Controller zu spielender Breakout-Clone, Beat 'Em & Eat 'Em ein ebenfalls mit den Paddles zu steuernder Kaboom-Abklatsch, während General Custer lediglich links und rechts zu steuern ist (kann man hier deshalb von „horizontalem Gewerbe" sprechen?) und ganz offensichtlich den Einsatz (s)eines Joysticks erfordert.

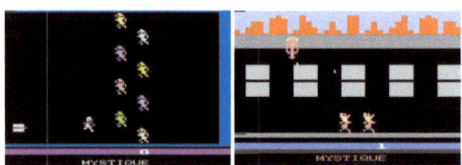

■ So ganz ohne Rosen: Bachelor gesucht (links); wie beim Zahnarzt: schön weit aufmachen (rechts).

Es gab natürlich auch andere VCS-Spiele mit anstößigen Inhalten, z. B. die Essensvernichtung und der platzende Magen in Mangia (1983, Spectravideo, siehe Lotek64 #51) oder das Texas Chainsaw Massacre (1983, Wizard Video), aber gerade Custer's Revenge zieht wirklich alle Register des schlechten Geschmacks. Grafik und Sound sind dabei eigentlich noch in Ordnung, es gab damals viele Spiele, die von der technischen Seite her noch schlechter waren. Auch die bedruckten Modul-etuis und die Cartridges mit ihrer Mystique-Prägung auf der Rückseite sind hochwertig produziert. Aber thematisch blieben die Mystique-Spiele eine schmuddelige Ausnahme und sind deshalb bis heute berühmt-berüchtigte Sammlerstücke.

Im Videospielcrash von 1983 ist neben vielen anderen Unternehmen auch die Firma Mystique/AMI untergegangen, die Rechte an den drei Spielen sowie einige Mitarbeiter sind anschließend an die Nachfolgefirma Play-Around übergegangen, welche die Spiele anschließend auch noch unter anderen Namen und mit geänderten Grafiken für vertauschten Geschlechterrollen erneut veröffentlichte. ■

Der Autor

Simon Quernhorst, Jahrgang 1975, ist begeisterter Spieler und Sammler von Video- und Computergames und Entwickler von neuen Spielen und Demos für alte Systeme. Zuletzt durchgespielter Titel: Streets of Rage (Master System).

In Erinnerung an Milo Mundt / MacGyver

Milo, mein Milo

Erinnerungen an Milo Mundt, der im Oktober 2022 im Alter von 43 Jahren verstorben ist.

von Marleen

Ach ja, Milo, den kannten irgendwie alle. Milo von der Return, Milo von Protovision, Milo von den 8-Bit-Partys und Live-Hörspielen und, und, und. Ich kannte Milo, weil wir vor vielen Jahren einem gemeinsamen Freund beim Umzug halfen. Im Umzugswagen von Berlin nach Berlin stellten wir fest, dass wir Hobbys gemein haben und am Ende der sehr kurzen Fahrt hatten wir uns bereits angefreundet.

Außer der Retro-Computerei hatten wir noch andere Sachen gemeinsam, zum Beispiel, dass wir beide Familie in Hannover hatten, und so sind wir uns auch hin und wieder aus Versehen im Zug zwischen Berlin und Hannover begegnet. (Ebenso zufällig saßen wir dabei häufig auf dem Sitz mit der Nummer 64.)

■ Milo, Manuel und Marleen im Zug nach Hannover

Milo war zu jeder Schandtat bereit – er fehlte auf keiner meiner zu-Hause-Parties, kam zu Filmabenden und Testen von Brettspielen, und er lud mich auch gerne mal zu spannenden Events ein. Zum Beispiel zum Hörspiel im Planetarium oder etwas mit Musik oder Impro – in Berlin ist ja für jede noch so kleine Interessen-Nische immer etwas los. Wir waren auch

■ Milo, Trogg und Jak T Rip in Bratislava

■ Zug nach forever: Milo, Marleen, Jak T Rip

gemeinsam auf der forever 8 Bit-Party in der Slowakei – noch mehr Zugfahrerei!

Eine meiner kostbarsten Erinnerungen ist folgende: In einer Phase meines Lebens, geprägt von ausgedehnten Dienstreisen, kehrte ich nach wochenlanger Abwesenheit wieder nach Berlin zurück – ich weiß gar nicht mehr, von woher. Und Milo und Jake (Jak T Rip) überraschten mich mit einem spontanen Besuch und hießen mich mit Luftschlangen willkommen. Ich wünsche mir, dass jeder Mensch mindestens einmal im Leben so gute Freunde hat. Danke, lieber Milo, dass du mein so guter Freund warst.

∎

April 2022

05.04.2022
Infinite Mac: Ein Quadra im Browser
https://www.osnews.com/story/134746/
infinite-mac-an-instant-booting-quadra-in-
your-browser/

QWERTZ: Das 150 Jahre alte Rätsel auf unserer Computertastatur
https://www.derstandard.at/
story/2000134509012/qwertz-das-150-jahre-
alte-raetsel-auf-unserer-computertastatur

Zahlen, bitte! Der **Amiga** – eine Dekade Pop Art in 16 Bit
https://www.heise.de/hintergrund/
Zahlen-bitte-Eine-Dekade-Pop-Art-in-16-
Bit-6656013.html

12.04.2022
Was man auf **Windows 98** heute noch alles machen kann
https://www.derstandard.at/
story/2000134837535/was-man-auf-
windows-98-heute-noch-so-alles-machen

TheA500 Mini: Der Amiga 500 im Miniaturformat im Test
https://www.heise.de/tests/TheA500-Mini-
Der-Amiga-500-im-Miniaturformat-im-
Test-6656341.html

24.04.2022
We Are Stardust, ein C64-Spiel:
https://megastyle.itch.io/we-are-stardust

The Great Giana PETSCII Sisters, ein Giana-Remake im PETSCII-Look und mit neuem Soundtrack:
https://csdb.dk/release/?id=216887

Juli 2022

04.07.2022
YouTube auf einem PET:
https://hackaday.com/2022/07/01/blixterm-
brings-full-speed-youtube-video-to-the-
commodore-pet/

19.07.2022
Ein grafisches Betriebssystem für **Atari-8-Bitter**:
https://atari8.co.uk/gui/

Lizenzbestimmungen für CP/M:
http://www.cpm.z80.de/license.html

Windows 3.1 Flash Edition:
https://sdomi.pl/weblog/07-windows-3-flash-
edition/

Atari 2600 aus 2500 Lego-Steinen:
https://www.heise.de/news/Lego-Atari-2600-
aus-2500-Steinen-vorgestellt-7183879.html

Oktober 2022

17.10.2022
Milo Mundt ist im Alter von 43 Jahren verstorben.

November 2022

29.11.2022
50 Jahre **Pong**
https://www.heise.de/hintergrund/50-Jahre-
Pong-Der-Videospiel-Urknall-7066042.html

Dezember 2022

17.12.2022
Archer McLean, u.a. bekannt für IK+, ist verstorben.

29.12.2022
VICE liegt in Version 3.7 vor:
https://vice-emu.sourceforge.io/

Von **Turrican II** gibt es jetzt auch eine AGA-
Fassung, die auf der PC-Fassung basiert:
https://sonicslothgames.itch.io/turrican2aga

Das **C64-Spiel „Inbread"** ist ebenfalls erschienen:
https://psytronik.itch.io/inbread

C64-Portierung von **Eye of the Beholder**:
https://csdb.dk/release/?id=226060

Januar 2023

16.01.2023
Atari 2600 Hardware Design:
https://www.bigmessowires.
com/2023/01/11/atari-2600-hardware-
design-making-something-out-of-almost-
nothing/

Die US-Fastfoodkette **Chuck E. Cheese** verwendet noch immer Floppy-Disks (aber nicht
mehr lange):
https://arstechnica.com/information-
technology/2023/01/chuck-e-cheese-still-
uses-floppy-disks-in-2023-but-not-for-long/

März 2023

29.03.2023
Doom läuft dank Raspberry Pi auf C64:
https://www.golem.de/news/commodore-
doom-laeuft-dank-raspberry-pi-
auf-c64-2303-173043.html

18.07.2023
Zu Besuch in **Österreichs erstem Videospiel-
museum**:
https://www.derstandard.at/
story/3000000179281/zu-besuch-in-
oesterreichs-erstem-videospielmuseum

ChatGPT kann auf Commodore C64 verwendet werden:
https://www.golem.de/news/ki-chatgpt-
kann-auf-commodore-c64-verwendet-
werden-2306-174680.html

40 Jahre **NES**: Die Geburt von Mario und Zelda
https://www.heise.de/hintergrund/40-
Jahre-NES-Die-Geburt-von-Mario-und-
Zelda-9216276.html

Lemmings für den Plus/4 veröffentlicht:
https://plus4world.powweb.com/software/
Lemmings

https://www.forum64.de/index.php?thread/138193-lemmings-plus-4-fertig-und-released/

Alles über **Disketten**:
https://thejpster.org.uk/blog/blog-2023-08-28/

18.09.2023

Nach 32 Jahren wurde das **ASM-Adventure** für den Commodore Amiga veröffentlicht, benannt nach dem legendären Softwaremagazin. https://www.hardwareluxx.de/index.php/news/software/spiele/61895-nach-32-jahren-retro-spiel-f%C3%BCr-commodore-amiga-ver%C3%B6ffentlicht.html

Auflösung der Quizfrage von S. 15

Den Programmierer Manfred Trenz.

Versionscheck (Stand: 25.11.2023)				
Name	**Version**	**Emuliert**	**Website**	**Aktualisiert**
Boxer	1.4.0	MS-DOS	http://boxerapp.com/	16.02.2016
CCS64	V3.9.3	C64	http://www.ccs64.com/	15.11.2021
Denise	2.1	C64	https://sourceforge.net/projects/deniseemu/	19.09.2023
DOSBox	0.74-3	MS-DOS	http://www.dosbox.com/	26.06.2019
dosbox-staging	0.80.1	MS-DOS	https://dosbox-staging.github.io/	06.01.2023
Emu64	5.1.0	C64	https://github.com/ThKattanek/emu64/releases	24.06.2023
Frodo	4.1b	C64	http://frodo.cebix.net/	30.06.2007
FS-UAE	3.1.66	Amiga	https://fs-uae.net/	19.12.2021
Hoxs64	v1.1.2.3	C64	http://www.hoxs64.net/	07.03.2023
MAME/MESS	0.260	Automaten und Heimcomputer	http://mamedev.org/	25.10.2023
ScummVM	2.7.1	Div. Adventures	http://www.scummvm.org	14.07.2023
VICE	3.7.1	C64, C128, Plus/4, PET, C64DTV	http://vice-emu.sourceforge.net/	29.12.2022
WinFellow	0.5.10	Amiga	https://github.com/petschau/WinFellow/releases	04.10.2023
WinUAE	5.0.0	Amiga	http://www.winuae.net/	01.06.2023
Yape	1.2.4	Plus/4	http://yape.homeserver.hu/	28.10.2023
Yape/SDL	0.71.2	Plus/4	https://github.com/calmopyrin/yapesdl	01.02.2023
Z64K	23.03.23	C64, C128, VIC20, Atari2600	http://www.z64k.com/	22.03.2023

Francis Zachary „Zak" McKracken

von Georg Fuchs

Wie bei dem im selben Jahr erschienen Shooter Katakis ist der Name ein Zufallsfund im Telefonbuch. Mit vollem Namen heißt der Held des Spiels Francis Zachary McKracken.

Im Jahr 1997 deckt der Reporter Zak McKracken aus San Francisco ein Komplott auf: Außerirdische, die sich mit Scherzbrillen und Hüten tarnen, infiltrieren Telefongesellschaften, um über ein 60-Hz-Signal die Menschheit zu unterwerfen und den Planeten zu übernehmen. Die Opfer verdummen schlagartig.

Nur wer das schwierige Adventure, das nicht immer ganz naheliegende Lösungswege aufweist, lösen kann, kann die Erde vor diesem Schicksal bewahren.

Handlungsstränge und Schauplätze sind eine oft haarsträubende Mischung und voller Anspielungen auf bekannte Filme und Spiele.

Zak McKracken ist nach Labyrinth (1986) und Maniac Mansion (1987) das dritte Adventure von Lucasfilm Games. Es verwendet als zweites Spiel nach Maniac Mansion die SCUMM-Engine. Das Spiel ist seit 2015 auf der Plattform gog. com verfügbar. Neben dem Original existieren mehrere Fan-Adventures, darunter das bemerkenswerte „Zak McKracken – Between Time and Space" (2008).

Spiel: Zak McKracken and the Alien Mindbenders
Genre: Point-and-Click-Adventure
Erschien: 1988
Plattform: Amiga, Atari ST, C64, FM Towns, MS-DOS
Entwickler: Lucasfilm Games

Internet: http://www.lotek64.com
Twitter: http://twitter.com/Lotek64
Facebook: http://www.facebook.com/pages/Lotek64/164684576877985